SUSTENTABILIDADE EMPRESARIAL E MERCADO VERDE

Dados Internacionais de Catalogação na Publicação (CIP)
(Câmara Brasileira do Livro, SP, Brasil)

Alves, Ricardo Ribeiro
  Sustentabilidade empresarial e mercado verde : a transformação do mundo em que vivemos / Ricardo Ribeiro Alves. – Petrópolis, RJ : Vozes, 2019.
  Bibliografia
  ISBN 978-85-326-5962-0

  1. Consumo (Economia) 2. Desenvolvimento sustentável 3. Educação ambiental 4. Meio ambiente 5. Mobilidade urbana 6. Reciclagem (Resíduos etc.) 7. Recursos naturais 8. Sustentabilidade I. Título.

18-20377   CDD-333.715

Índices para catálogo sistemático:
1. Sustentabilidade empresarial e mercado verde : Economia 333.715

Cibele Maria Dias – Bibliotecária – CRB-8/9427

RICARDO RIBEIRO ALVES

SUSTENTABILIDADE EMPRESARIAL E MERCADO VERDE

A transformação do
mundo em que vivemos

EDITORA
VOZES

Petrópolis

© 2019, Editora Vozes Ltda.
Rua Frei Luís, 100
25689-900 Petrópolis, RJ
www.vozes.com.br
Brasil

Todos os direitos reservados. Nenhuma parte desta obra poderá ser reproduzida ou transmitida por qualquer forma e/ou quaisquer meios (eletrônico ou mecânico, incluindo fotocópia e gravação) ou arquivada em qualquer sistema ou banco de dados sem permissão escrita da editora.

CONSELHO EDITORIAL

Diretor
Gilberto Gonçalves Garcia

Editores
Aline dos Santos Carneiro
Edrian Josué Pasini
Marilac Loraine Oleniki
Welder Lancieri Marchini

Conselheiros
Francisco Morás
Ludovico Garmus
Teobaldo Heidemann
Volney J. Berkenbrock

Secretário executivo
João Batista Kreuch

Editoração: Flávia Peixoto
Diagramação: Sheilandre Desenv. Gráfico
Revisão: Neiva Mario
Revisão gráfica: Alessandra Karl
Capa: Idée Arte e Comunicação
Ilustração de capa: ©9comeback | Shutterstoch

ISBN 978-85-326-5962-0

Editado conforme o novo acordo ortográfico.

Este livro foi composto e impresso pela Editora Vozes Ltda.

Um livro tem a grande vantagem de levar histórias, sentimentos e a inteligência humana para diversos locais e pessoas. Muitas vezes, o autor não tem a mínima ideia do alcance do seu livro. É um pouco da vida do autor na vida dos leitores (Ricardo Ribeiro Alves).

Dedicatória

Dedico este livro

À professora Nara Rejane Zamberlan dos Santos *(in memoriam)*, querida colega de trabalho e referência em sua área de atuação.

Aos gestores ambientais, em especial aos alunos e ex-alunos do Curso de Bacharelado em Gestão Ambiental da Universidade Federal do Pampa (Unipampa), *campus* São Gabriel, RS.

Aos professores, funcionários e colegas da Escola Estadual Deputado Carlos Peixoto Filho – "Polivalente" – da cidade de Ubá, MG; em especial à Ana Amaral, Dona Conceição, Joaquim, Maria Luiza, Prisciliana, Regimeyre e Solange.

Sumário

Apresentação, 11

1 As diversas perspectivas da sustentabilidade ambiental, 15

2 Sustentabilidade e descarte, 27

3 Sustentabilidade e reutilização, 43

4 Sustentabilidade e reciclagem, 71

5 Sustentabilidade e energia, 89

6 Sustentabilidade e transporte, 109

7 Sustentabilidade e mobilidade, 117

8 Sustentabilidade e poder público, 135

9 Sustentabilidade e empresas, 153

10 Sustentabilidade e mercado consumidor, 169

Referências, 187

Índice, 199

Apresentação

A razão para se escrever este livro surgiu das inúmeras histórias inspiradoras e que constituem verdadeiros exemplos práticos de sustentabilidade ambiental, muitas das quais compartilhamos em nossa página Administração Verde no Facebook. Ao formatar o livro, cada capítulo foi pensado para conter alguns tópicos de teoria da sustentabilidade ambiental e os demais referentes aos exemplos práticos que evidenciam que há uma transformação socioambiental no mundo, mesmo que seja silenciosa e que não seja homogênea em todas as partes do planeta. Assim, cada capítulo do livro contém uma parte teórica e uma parte prática, com base nas várias histórias verídicas e inspiradoras.

O livro é dividido em dez capítulos:

O capítulo 1 apresenta as diversas perspectivas da sustentabilidade ambiental e porque ela contribui para a transformação do mundo, sendo um bom exemplo a paulatina substituição do petróleo e do carvão (combustíveis fósseis) pela energia advinda de fontes mais limpas, como a eólica e a solar. Assim, o capítulo destaca que a sustentabilidade ambiental é um caminho sem volta e deve fazer parte da vida de todos, sejam cidadãos, empresas ou governos.

O capítulo 2 mostra a tendência à descartabilidade na sociedade atual. Há a necessidade dos recursos naturais como matéria-prima indispensável para a confecção dos produtos, no entanto, após o seu uso, muitos deles serão descartados e promoverão impactos ambientais negativos significativos, como no caso do lixo que paira sob os oceanos. Mas o capítulo também apresenta iniciativas interessantes como no caso dos supermercados que aboliram o uso das embalagens, uma forma de diminuir o descarte.

O capítulo 3 aborda o desenvolvimento da logística reversa, tema que norteará esse e o próximo capítulo. Destaca que a produção implica necessariamente a geração de impactos ambientais, mas que eles podem ser minimizados e muitos recursos otimizados. O capítulo enfatiza a importância da reutilização sempre que possível e apresenta os exemplos práticos da reutilização das garrafas de vidro retornáveis, do uso de materiais descartáveis na construção civil e de um *shopping* na Suécia especializado em produtos de "segunda mão".

O capítulo 4, ainda sobre logística reversa, destaca a importância de se repensar o projeto dos produtos para que eles possam ser mais facilmente reciclados após o seu uso ou consumo. Paralelamente discute a necessidade de se produzir de forma sustentável, não apenas devido às questões ambientais, mas também como uma forma de se reduzir custos e ganhar competitividade. Em relação a isso, o capítulo mostra o exemplo real do estímulo financeiro dado na Alemanha aos consumidores que devolvem garrafas PET vazias para a reciclagem e também diversos exemplos relacionados ao ganho econômico com a reciclagem do lixo.

No capítulo 5 a energia advinda de fontes renováveis é o assunto de destaque, sendo que particularmente são descritos os aspectos relacionados com as construções sustentáveis, nas quais se utilizam painéis solares (como no exemplo das telhas) bem como reaproveitamento de água e de resíduos. O capítulo mostra, também, como o uso da energia renovável representa um importante ganho para as empresas ao gerar valor sustentável para as suas atividades e imagem.

O capítulo 6 apresenta a relação entre a sustentabilidade e os transportes, mencionando aqueles que são os "tradicionais" e os que passam a fazer parte da "paisagem moderna" de grandes cidades no mundo como o caso do VLT e do BRT. O capítulo faz uma abordagem dos carros elétricos, tendência em diversas partes da Europa e como as grandes montadoras do velho continente se juntaram para oferecer o serviço de recarga para esses automóveis.

O capítulo 7 aborda a importância da mobilidade urbana como tema atual e sua relação com a poluição. Apresenta também como ela tem sido discutida na Europa e o que cidades como Barcelona, Madri e Estocolmo têm feito para melhorar a mobilidade de seus cidadãos, bem como a oferta de melhores e maiores espaços de convivência e que privilegiem maior contato com a natureza.

O capítulo 8 mostra a relação entre a sustentabilidade e os governos, particularmente no tocante à matriz energética sustentável. O capítulo apresenta algumas iniciativas interessantes como a proibição de utensílios descartáveis de plástico na França, a oferta de internet gratuita na Holanda quando a população tem atitudes sustentáveis, o ponto de ônibus com teto verde no Rio Grande do Sul, a rodovia francesa que gera energia solar e as ciclovias nas estradas da Alemanha.

No capítulo 9 a abordagem é da sustentabilidade ambiental com as empresas privadas e como pode se tornar um fator estratégico nos negócios, principalmente na associação com as chamadas "marcas verdes". O capítulo mostra a tecnologia do "couro vegetal" produzido a partir de resíduos do vinho e como a sustentabilidade tem entrado na mira dos investidores, como um fator de redução no risco dos investimentos.

O capítulo 10 apresenta a sustentabilidade ambiental na vida dos cidadãos e consumidores e como ela pode impactar diretamente suas vidas. Para isso mostra a importância e influência da cultura na tomada de decisão das pessoas ao comprar produtos mais sustentáveis e a estreita relação da cultura com a educação. O capítulo apresenta algumas iniciativas interessantes como as cápsulas biodegradáveis de café e os pratos feitos de coroas de abacaxi ou folhas. Por fim, apresenta a importância do produto verde como elemento para agregar valor para o cliente e como sustentabilidade e solidariedade podem caminhar juntas, auxiliando tanto o meio ambiente como as pessoas que têm necessidade de ajuda.

O presente livro busca introduzir o leitor, seja discente, professor ou demais interessados, ao tema sustentabilidade ambiental, trazendo um aporte teórico e iniciativas inspiradoras que são postas em prática atualmente. Longe de esgotar o assunto, espera-se que, a partir deste livro, o interessado possa buscar outras publicações para aprofundar seu conhecimento. Muitas delas são apresentadas nas referências, ao final do livro.

Espera-se que o leitor possa entender, de forma didática, os aspectos teóricos e práticos da sustentabilidade empresarial, e sua aplicação no dia a dia das pessoas e nas atividades das diversas organizações, sejam públicas ou privadas.

Ricardo Ribeiro Alves
ricardo@administracaoverde.com.br

1

As diversas perspectivas da sustentabilidade ambiental

1.1 Um mundo em transformação

Existe uma transformação acontecendo de forma rápida no mundo. Ao mesmo tempo em que as pessoas passam a estar mais conectadas no mundo virtual por meio de *notebooks*, celulares e redes sociais, discute-se, como nunca, a respeito dos impactos ambientais negativos na extração de matérias-primas, fabricação dos produtos e de seu descarte, bem como das embalagens.

Consumir representa um ato de escolha de bens e serviços que irá tornar a vida das pessoas mais agradável, menos dispendiosa e que fará sentirem-se melhor consigo mesmas. Para que o consumidor tenha esse "poder de escolha", torna-se necessário que haja um leque disponível de produtos. Esse é o papel das organizações, notadamente as empresas privadas, ou seja, oferecer aos consumidores mercadorias que possam satisfazer os seus anseios e que, ao mesmo tempo, contribuam para o sucesso empresarial, gerando lucros (ALVES, 2017a).

Se produzir e consumir bens e serviços são atividades humanas que estão presentes desde épocas mais remotas, o mesmo não se pode dizer de produzir e consumir bens e serviços de forma ilimitada. Harman e Hormann (1998) destacaram que a explosão de consumo caracterizada pela compra de produtos, muitas vezes desnecessários, e pelo desperdício, gerando descarte de sobras e embalagens fizeram que, em um determinado ponto da história, as pessoas deixassem de ser chamadas de cidadãos e passassem a ser chamadas de consumidores.

Além da tecnologia que proporcionou maior produção às empresas e da intensificação do consumo graças ao crescimento da população vinda de um período pós-guerra mundial e que cada vez mais se concentrava em cidades, um fator preponderante para o surgimento do consumismo foi a consolidação da aplicação prática das teorias de *marketing* nas organizações.

Paralelamente a isso, o esgotamento dos recursos naturais e as pressões para adquirir produtos ecologicamente responsáveis farão com que os mercados migrem da produção convencional para uma produção mais sensível às questões ambientais. Alguns mercados demorarão anos ou talvez décadas para efetuar totalmente esta mudança.

O ritmo da mudança em cada mercado dependerá do grau que as pressões exercem sobre ele e também da disponibilidade dos insumos existentes para se efetuar a mudança necessária. Em alguns mercados, pode não haver disponibilidade de matérias-primas para a criação de um mercado totalmente verde e, assim, este mercado desaparecerá com o esgotamento das fontes naturais. O serviço ou produto oferecido por este mercado terá que ser atendido, posteriormente, por algum produto substituto viável para o consumidor no atendimento de suas necessidades.

1.2 Sinal dos novos tempos: substituição do petróleo e do carvão por energia limpa

Um fato simbólico ocorreu no dia 21 de abril de 2017 no Reino Unido. Pela primeira vez desde 1880 (época da segunda fase da Revolução Industrial) o país não utilizou carvão para a geração de eletricidade em suas fronteiras, mas apenas outras fontes de energia. Nesse dia, a eletricidade utilizada veio apenas do gás, da energia nuclear, do vento e do sol.

O acontecimento foi divulgado pela direção de operações da National Grid por meio de comunicado em suas redes sociais. "Sexta-feira, 21 de abril de 2017 foi o primeiro período de 24 horas desde os anos de 1880 em que a Grã-Bretanha não utilizou as estações alimentadas a carvão. Foi a primeira vez que o país não usou carvão para gerar eletricidade desde a inauguração do primeiro gerador público do mundo a carvão, inaugurado em 1882, em Londres." A companhia acredita que o momento histórico mudará a forma de como o sistema energético britânico operará de agora para frente (PÚBLICO, 2017).

A substituição do carvão já tem ocorrido gradativamente. Cerca de metade da eletricidade consumida pelo Reino Unido provém de gás e carvão, 30% vem de fontes renováveis e o restante de centrais nucleares. O objetivo de longo prazo é desligar as centrais de carvão até 2025. O Reino Unido é o maior proprietário de turbinas eólicas colocadas no mar e a capacidade dos painéis solares equivale à de sete reatores nucleares (PÚBLICO, 2017).

A não utilização do carvão ocorreu numa sexta-feira, tradicionalmente um dia em que o consumo de eletricidade na indústria é menor. Há uma década um dia sem carvão seria impensável.

Agora, acredita-se que em dez anos o sistema energético do país estará radicalmente diferente novamente.

Mas não foi apenas o Reino Unido que alcançou o feito descrito. Em 2016, Portugal já havia sido notícia na imprensa internacional por alimentar suas necessidades energéticas apenas com fontes renováveis em um período consecutivo de quatro dias.

A progressiva substituição de uma economia pautada na energia advinda de combustíveis fósseis para uma economia com base em energias limpas é tratada como algo certo, pois a substituição gradativa já ocorre, especulando-se quando ela ocorrerá de forma definitiva. As mudanças ocasionadas pelo advento da economia limpa irão forçar ajustes no modelo de negócios de empresas e governos e isso aos poucos já tem sido compreendido pelo mercado.

Projeção para metade do século XXI indica que consumo de petróleo pode até deixar de existir e o gás ser responsável por apenas 1% do mercado mundial. Não é novidade para ninguém que uma das reformas necessárias para garantia de um futuro do planeta mais sustentável é a redução expressiva ou inibição do consumo de combustíveis fósseis. E, segundo um estudo realizado por pesquisadores britânicos da Imperial College, em parceria com a *Carbon Tracker*, a demanda global por petróleo e carvão mineral deve parar de crescer a partir de 2020. De acordo com a pesquisa *"Espere o inesperado – O poder disruptivo das tecnologias de baixo carbono"*, a queda no custo de energias renováveis deve fazer com que os investimentos na produção de petróleo e carvão percam mercado, além de acelerar a transição para uma economia mais limpa (PENSAMENTO VERDE, 2017a).

Os especialistas tomaram como base as metas assumidas pelos países no Acordo de Paris, firmado no segundo semestre de

2016. Entretanto, ainda não se sabe ao certo como agirão países reticentes em relação às políticas de sustentabilidade, como os Estados Unidos por exemplo, e como se posicionarão em relação às novas tendências de consumo desses combustíveis.

Para as empresas do ramo energético, o estudo alerta para a necessidade de uma rápida atualização, visando uma melhor adaptação ao novo cenário do setor – levando em consideração as mudanças tecnológicas aceleradas que têm viabilizado a energia renovável. O custo de um módulo de energia solar, por exemplo, caiu cerca de 99% desde 1976, o que gera expectativas otimistas de que somente a energia solar seja capaz de suprir cerca de 23% da demanda global de energia em 2040 e chegar até 29% em 2050. Nesta projeção, o uso do carvão seria extinto e o gás ficaria com apenas 1% do mercado. A respeito dos automóveis elétricos, os modelos poderiam ser responsáveis por 35% do transporte rodoviário em 2035, dobrando sua porcentagem na metade do século (PENSAMENTO VERDE, 2017a).

As maiores empresas de energia da Europa reconhecem que falharam em prever o avanço das tecnologias limpas e isso ocasionou um impacto financeiro negativo. Essas empresas agora reconhecem que entraram no mercado de baixo carbono com dez anos de atraso.

1.3 O caminho sem volta da sustentabilidade ambiental

Embora a sustentabilidade ambiental seja um tema de alcance mundial, com diversos estudos de cientistas e objeto de preocupação das pessoas e mudança de processos por parte de empresas, ainda existem setores (principalmente políticos) que são mais conservadores em relação ao tamanho de sua complexidade e, em casos mais extremos, até mesmo em relação à existência de reais problemas ambientais. Podem fazer vistas grossas para o tema ou mesmo negar a sua importância no cenário mundial.

Dentre os diversos países do mundo provavelmente nenhum deles talvez seja tão conservador em relação aos problemas ambientais como os Estados Unidos. Detentores da maior economia do mundo e com um dinâmico mercado de produtores e consumidores, os norte-americanos, de maneira histórica, consideram primeiramente a sua economia em detrimento às demais questões envolvendo os outros países. Nesse contexto, também está a sustentabilidade ambiental e os eventuais problemas decorrentes da poluição e das mudanças climáticas. Todavia, deve-se entender que essa é uma visão mais política do que necessariamente uma visão do meio empresarial.

A *We Mean Business*, coalizão de entidades empresariais que reúne boa parte das maiores companhias globais, sediada em Londres, acredita que as empresas norte-americanas não desistirão da sustentabilidade ambiental, mesmo com políticas governamentais adversas. A organização promove a rota da sustentabilidade, como energias renováveis e menor emissão de carbono. No Brasil, trabalham junto com o Conselho Empresarial Brasileiro para o Desenvolvimento Sustentável.

Para a organização supracitada mesmo que politicamente os Estados Unidos estejam dispostos a sair do caminho de uma economia limpa, as empresas reagirão de forma diferente. Há uma tendência do governo em rejeitar as energias renováveis e que haja cortes nos benefícios fiscais para energia solar e eólica; no entanto, isso não necessariamente será ruim, pois o mercado saberá naturalmente agir.

A economia é resiliente às decisões do governo. Existe uma inércia no caminho para uma economia limpa e de baixo carbono. Nenhum banco financiaria novas usinas de carvão, por exemplo, pois elas não são economicamente viáveis. O fato é que as tecnologias de energias renováveis estão ficando cada vez melhores e economicamente mais eficientes e isso não tem volta. Além disso, existe a questão da competitividade do país. Os chineses anunciaram um investimento de US$ 360 bilhões em energia renovável até 2020. Se os norte-americanos pararem ou recuarem, perderão sua posição no mercado internacional. Se não se prepararem para uma economia limpa, ficarão para trás. Os fabricantes chineses, japoneses e europeus vão se beneficiar de um possível atraso dos Estados Unidos (ÉPOCA, 2017).

Apesar de o governo norte-americano ser conservador em relação à sustentabilidade ambiental, as empresas devem continuar seus negócios no caminho em que estão. O Google®, por exemplo, tem uma meta de ter 100% de energia renovável em suas atividades e processos. Outras empresas como Apple®, Ikea®, Facebook®, Starbucks® e Johnson & Johnson® também têm metas para ficar só com energia renovável e isso é bom para a economia dessas empresas, pois reduz custos. Também é bom para a reputação das marcas. E essas empresas sabem que precisam se preparar para futuras regulamentações que enfrentarão no resto do mundo e por isso, devem se antecipar. Outras como a Tesla®, empresa que desenvolve carros elétricos e baterias para energia renovável, e a GM (General Motors®), que desenvolve o primeiro carro elétrico popular nos Estados Unidos, participam ativamente de negociações junto ao governo norte-americano e acredita-se que eles podem ter influência positiva no tocante a mudanças visando uma economia mais limpa no país (ÉPOCA, 2017).

Possivelmente, a maioria dos líderes empresariais e governamentais já está bem consciente a respeito dos desafios relacionados à sustentabilidade ambiental. Aqueles que porventura ainda não estão conscientes serão "convencidos" pelos sinais que cada vez mais surgem, principalmente aqueles referentes à legislação e ao próprio mercado. A sua visão terá forçosamente que se modernizar, caso contrário ficarão para trás.

1.4 Sustentabilidade ambiental em múltiplas perspectivas

Algumas décadas atrás, obter matérias-primas do meio ambiente e utilizá-lo como depositário de resíduos não era problema. Julgava-se que os recursos naturais eram inesgotáveis. Hoje, verifica-se que as questões ambientais têm assumido papéis importantes nunca antes alcançados na história da humanidade. A problemática ambiental não se limita tão somente à falta de matérias-primas para as empresas ou acúmulo de resíduos sólidos urbanos, mas também à geração de diversos outros problemas. A alteração das condições naturais do planeta, graças às constantes intervenções humanas, causou profundos desequilíbrios no clima, provocando situações incomuns em diversas partes do globo terrestre.

As questões ambientais têm sido debatidas em vários países, especialmente assuntos referentes às mudanças climáticas, proteção das espécies da fauna e flora, produção de alimentos orgânicos, poluição e reciclagem de produtos.

O consumo verde pode ser considerado uma função da prosperidade de um país ou de um povo, pois o interesse pelas questões ambientais surge quando as necessidades básicas do indivíduo, como moradia, alimentação e emprego, tiverem sido satisfeitas. Essa afirmação é corroborada pelo fato de que o consumo verde atingiu seu nível mais elevado em países desenvolvidos como a Suécia e a Alemanha.

A decisão do consumidor tem grande impacto sobre o meio ambiente e a sociedade. Produtos oriundos de atividades agrícolas e pecuárias que provocaram desmatamento, por exemplo, só conseguem se estabelecer no mercado porque existe uma demanda de consumidores dispostos a comprar tais produtos, sem se preocuparem com sua procedência responsável.

Nesse contexto, nota-se que a sustentabilidade ambiental é um assunto complexo e que pode ser analisada de diferentes perspectivas. Está relacionada à produção das empresas e ao comportamento de consumidores e governos, por isso aspectos como descarte, reutilização e reciclagem de produtos e embalagens devem ser considerados. Também merecem destaque o uso de energias mais limpas em detrimento daquelas advindas de combustíveis fósseis, o que terá impacto direto nas formas de mobilidade urbana e também nos diversos tipos de meio de transporte mais sustentáveis.

Por fim, um elemento que vai entrelaçar todas essas discussões é a educação e a cultura, a forma particular como cada povo tratará a sustentabilidade ambiental. Essas "discussões", em suas mais variadas perspectivas, constituem a proposta do presente livro em seus próximos capítulos.

EXERCÍCIOS

1) Qual a sua opinião a respeito da não utilização do carvão em um dia de geração de energia no Reino Unido? Você acredita que é uma tendência ou foi apenas uma situação pontual?

2) A Revolução Industrial foi um marco na história da humanidade, proporcionando saltos na produção. Qual o papel das energias renováveis nesse processo? Conseguirão suprir satisfatoriamente no futuro as demandas das indústrias?

3) Qual a importância da energia para os países? Como é em nosso país? Utiliza-se mais energia proveniente de combustíveis fósseis (petróleo, carvão mineral, gás natural etc.) ou vinda de fontes renováveis como solar, eólica etc.?

4) Você concorda com a afirmação de que "a proliferação e massificação das energias renováveis (solar, eólica etc.) fará com que haja a redução progressiva do uso de energias advindas de combustíveis fósseis (petróleo, carvão etc.), até que sua importância seja restrita na economia"? Quais os argumentos a favor ou contra você tem a respeito?

5) Quais seriam os possíveis impactos (sociais, ambientais e econômicos) que a mudança pautada em uso de energias limpas traria para as empresas, governos, pessoas e para o planeta? Cite os possíveis impactos e comente sobre eles.

6) Leia a frase a seguir: *"As maiores empresas de energia da Europa reconhecem que falharam em prever o avanço das tecnologias limpas e isso ocasionou um impacto financeiro negativo. Essas empresas agora reconhecem que entraram no mercado de baixo carbono com dez anos de atraso".* Será que o meio empresarial somente consegue "enxergar" a sustentabilidade ambiental como elemento para a sua estratégia de negócios quando há perda de dinheiro? Discuta a importante relação que deve existir entre ganhos econômicos e ganhos ecológicos.

7) O texto afirma que as empresas devem "continuar seus negócios no caminho [sustentável] em que estão", mesmo se o

governo de seu país (no caso em questão os Estados Unidos) mantiver uma política de incentivo à energia advinda dos combustíveis fósseis em detrimento à energia renovável, o que vai na contramão da tendência mundial. Em resumo, não se deve esperar pelo governo e que as empresas façam a sua parte para se manter competitivas, usando a sustentabilidade ambiental como aliada em suas estratégias. Qual a sua opinião a respeito? As empresas devem ou não esperar ações e apoios dos governos para construírem e solidificarem sua posição sustentável nos mercados? E as pessoas em relação às empresas? Devem esperar que as empresas desenvolvam produtos que sejam social e ambientalmente responsáveis, ou devem exercer seu papel e cobrar delas tais produtos e dos governos melhores políticas ambientais?

8) A legislação e o mercado em nosso país estão dando sinais ligados à sustentabilidade ambiental? Em caso afirmativo, quais sinais provocam a mudança de postura das empresas em relação à sustentabilidade ambiental? Em caso negativo, você acha que as empresas devem se antecipar às possíveis mudanças?

9) É possível que o mercado feche as portas no presente ou no futuro para empresas social e ambientalmente inadequadas? E os fatores que explicam isso? Pressão dos cidadãos, governos e ONGs?

10) Como aumentar a consciência ambiental dos empresários e o entendimento de que há ganho econômico com o desenvolvimento de inovações ambientais?

2

Sustentabilidade e descarte

2.1 Recursos naturais para a produção

Para a sua sobrevivência, o ser humano necessita da utilização dos recursos naturais, seja para a obtenção de alimentos para saciar a fome, seja para hidratar-se ao beber água, ou para atender necessidades básicas como segurança e moradia, por exemplo. Os recursos naturais são, também, matéria-prima para a confecção de diversos tipos de produtos, bem como para a oferta de serviços.

A busca dos recursos naturais pelo ser humano foi pautada na geração de diferentes graus de impactos ambientais negativos, conforme a evolução da humanidade e o nível de tecnologia conhecida. Nos primórdios, esses impactos eram reduzidos e depois foram paulatinamente aumentando, conforme o avanço da tecnologia, maior capacidade de planejamento e organização das pessoas e empresas, e com o crescimento da população.

Segundo Alves (2016), pode-se dividir o uso dos recursos naturais pelo homem em três grandes fases: utilização dos recursos naturais de forma artesanal e existência de mercado pequeno, utilização dos recursos naturais por meio de máquinas simples e existência de mercado em expansão, e utilização dos recursos naturais por meio de máquinas sofisticadas e existência de mercados complexos. Essa classificação é apenas didática e seu objetivo é facilitar a compreensão dos diferentes graus de impactos ambientais ocasionados pela produção humana.

A *primeira fase* inicia-se na pré-história na qual os homens simplesmente coletavam frutos das árvores e caçavam pequenos animais para se alimentarem ou então usavam lenha para fazer fogueiras. Quando os frutos ou a caça de determinada região se tornava escassa, eles abandonavam o local e iam para outras regiões. O impacto negativo provocado por esses homens no meio ambiente era bem abaixo da sua capacidade de assimilação. Tempos depois poderiam retornar àquele local, que haveria frutos e animais disponíveis. Contribuía também para esse baixíssimo impacto ambiental negativo o fato de a população humana ser pequena. Mesmo com o aumento da população ao longo do tempo e sua presença em diversas partes do planeta, a utilização dos recursos naturais era feita de forma artesanal ou, quando muito, utilizando máquinas e instrumentos rudimentares. Além disso, a produção e o consumo estavam predominantemente concentrados na região de sua oferta, pois as dificuldades de comercialização entre os povos eram maiores, visto que as viagens eram demoradas e os meios de comunicação pouco avançados. Essa primeira fase intitulada "utilização dos recursos naturais de forma artesanal e existência de mercado pequeno" durou da pré-história até o advento das grandes navegações (século XIV em diante) e da Revolução Industrial (século XVII).

A *segunda fase* inicia-se com as grandes navegações que impulsionaram a maior comercialização entre os povos e a descoberta de novas terras, fazendo com que o consumo de bens deixasse de ser algo meramente local ou regional. Aliado a esse fator, o surgimento da Revolução Industrial fez com que surgissem máquinas e equipamentos que substituíam, com grande vantagem, o esforço humano. Uma máquina poderia fazer o serviço de vários homens e com agilidade maior, aumentando o volume de produção das fábricas. Contribuiu para isso, também, a especialização do trabalho, na qual o operário fazia apenas determinada etapa da produção de um bem, tornando-se especializado na mesma. Por outro lado, esse operário perdia a visão de conjunto da fabricação do produto. O salto na produção advinda da especialização do trabalho e da utilização de máquinas que substituíam o esforço humano, aliada à expansão do mercado consumidor proveniente das grandes navegações, fez com que *houvesse a necessidade de mais recursos naturais*, aumentando o impacto ambiental negativo em diversas regiões do planeta. Essa fase é intitulada "utilização dos recursos naturais por meio de máquinas simples e existência de mercado em expansão" e ocorreu do período das grandes navegações (século XIV em diante) e da Revolução Industrial (século XVII) até o final da Segunda Guerra Mundial (por volta do ano de 1945).

A *terceira fase* inicia-se com o final da Segunda Guerra Mundial e se estende até os dias atuais. A Segunda Guerra Mundial é utilizada como divisor dessa "fase" porque após a batalha os países se reestruturaram, promoveram a criação da Organização das Nações Unidas (ONU) e de outros órgãos internacionais importantes no estabelecimento de relações e comércio entre os países como, por exemplo, da Organização Mundial do Comércio (OMC). Esses fatores contribuíram para a posterior globalização dos mercados, o que faz com que ele atualmente possa ser considerado um mercado complexo quando se compara com a fase anterior à Segunda Guerra.

Maior conhecimento sobre o funcionamento das organizações, globalização dos mercados, produção em massa, aperfeiçoamento da tecnologia, das comunicações e dos meios de transporte são elementos que favorecem o aumento da produção e do consumo dos bens e serviços, fazendo com que *houvesse a utilização de mais recursos naturais*, em uma proporção bem maior do que era antes da Segunda Guerra Mundial.

Na terceira fase, o uso dos recursos naturais pelo homem ultrapassa a capacidade de assimilação dos impactos ambientais negativos por parte do meio ambiente, diferentemente de como era na primeira fase. Esse fator levou a diversos impactos ambientais negativos como poluição do solo, água e ar, erosão, desmatamento, efeito estufa, dentre outros, e que deram origem, principalmente, após a década de 1960, a diversos movimentos em favor do meio ambiente.

2.2 Consumo e obsolescência programada

Consumir faz parte da sociedade contemporânea. Da mais tenra idade até a mais avançada, o ser humano está consumindo produtos e serviços. Comprar um pão na padaria, enviar uma mensagem pelo celular, ligar o *notebook* e acessar a internet, almoçar em um restaurante ou assistir a um programa de televisão constituem exemplos de consumo.

De acordo com Alves (2017b), o consumo pode ser visto de duas maneiras. Na *primeira situação*, o consumo pode ser entendido como um excelente indicador de prosperidade de uma sociedade, pois representa sua capacidade de produzir bens e serviços que atendam às necessidades e desejos dos consumidores. O leque de bens, serviços e demais atividades geradas pela força produtiva das empresas, fruto da capacidade intelectual do ser humano, provoca, sem sombra de dúvidas, um grande avanço na sociedade moderna. Produtos e serviços inimagináveis, até algumas décadas atrás, são comprados e utilizados pelas pessoas, sendo difícil de pensar em como seria o mundo atual sem tais recursos. Internet, computadores, celulares *smartphones*, comércio eletrônico, ferramentas de mídias sociais, entre outros, transformaram a vida das pessoas, facilitando a comunicação entre elas e as empresas, bem como também facilitando a produção e o consumo de bens e serviços.

A *segunda maneira* de se visualizar o "consumo" é como um processo que gera inúmeros problemas sociais e ambientais no planeta. Os problemas sociais são caracterizados pela grande parcela da população que não tem acesso a bens e serviços elementares para sua sobrevivência como alimentos e água, podendo gerar diversos problemas relacionados à saúde como a desnutrição, por exemplo. Os problemas sociais também são caracterizados pela parcela da população desprovida de condições econômicas para adquirir bens e serviços que lhes deem o mínimo de conforto para viver, podendo ocasionar situações como subemprego, moradia em condições precárias, violência, dentre outros. Já os problemas ambientais são provocados, em parte, pelos impactos ambientais negativos da produção e descarte de produtos e suas respectivas embalagens, e também pelo impacto do consumo de bens além do considerado "suficiente", resultando em atitudes de consumo denominadas de "luxo" e "extravagância", caracterizando o chamado "consumismo" da sociedade moderna. Paralelamente, as medidas para minimizar esses impactos ambientais negativos têm sido insuficientes e, em muitos casos, ineficientes.

Parte da explicação dos diversos problemas ambientais do "consumo além da conta" é devido à *obsolescência programada*, na qual o ciclo de vida dos produtos tem sido reduzido para que produtos mais novos sejam lançados no mercado, induzindo os consumidores a se desfazerem dos produtos antigos para adquirir novos. Tal fato contribui para o descarte de inúmeros produtos no meio ambiente, muito dos quais com pouco uso.

O ciclo de vida de um produto deve considerar os impactos ambientais em cada etapa de desenvolvimento, transporte, comercialização e descarte dos produtos (Figura 2.1). Deve haver um trabalho de minimização dos impactos ambientais negativos e potencialização dos impactos ambientais positivos.

Evidentemente, realizar uma análise de vida completa de um produto considerando os impactos ambientais em todas as etapas é um processo complexo e dispendioso. Nesse tipo de análise são considerados os impactos ambientais do produto desde a extração da matéria-prima até o seu destino final. É possível, também, fazer análises menos completas, limitando o ciclo até a fabricação dos produtos. Contudo, o ideal é a empresa *repensar o ciclo de vida* útil de seus produtos, levando em consideração os diversos materiais, visando a uma futura reciclagem dos produtos, com a possibilidade de transformá-los em novo material ou reaproveitando sua energia.

Segundo Ottman (2012), muitas indústrias do mundo têm realizado a análise de ciclo de vida em diversos setores que vão desde empresas de papel, papelão, vidro, aço, luz, energia, alumínio, embalagens plásticas de bebidas e sistemas de entrega para verificar os gastos com transporte. Além disso, muitas tec-

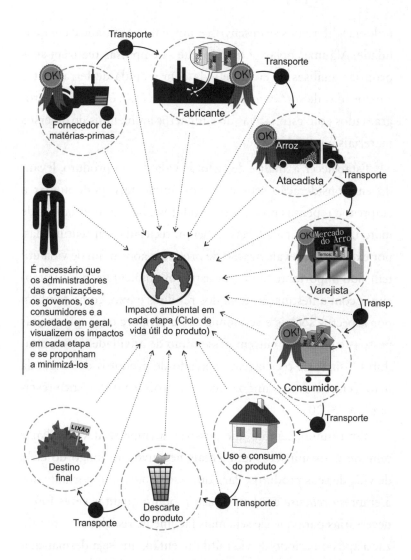

Figura 2.1 Ciclo de vida útil de um produto considerando os impactos ambientais em cada etapa
Fonte: Alves, 2017a.

nologias diferentes se desenvolveram, em quantidade e em qualidade. Algumas delas permitem que as empresas realizem suas próprias análises de ciclo de vida com a ajuda de ferramentas sofisticadas de *software*, como *SimaPro*, *GaBi*, e *Umberto*, programados com estimativas dos impactos ambientais de diversos materiais e processos.

Estabelecer a análise de ciclo de vida de um produto, levando em consideração seus impactos ambientais, pode ajudar a empresa a repensar projetos de produtos e buscar alternativas de matérias-primas mais fáceis de serem recicladas ou reutilizadas, por exemplo. A revalorização de produtos após o fim de vida útil tem sido importante tanto por aspectos ambientais, por se preocupar com a destinação final dos resíduos e lixo, como também por aspectos sociais e econômicos, ao proporcionar que muitas pessoas e empresas entrem nesse ramo de atividade, como catadores, usinas de reciclagem, mercado de produtos de "segunda mão", entre outros, dando origem ao processo de logística reversa (ALVES, 2017a).

Em resumo, sempre que possível, a empresa deve avaliar e minimizar os impactos ambientais negativos ao longo do ciclo de vida de seus produtos. Para que isso ocorra, é importante que a empresa *repense* e *reprojete* seu produto quantas vezes forem necessárias para que ele seja mais facilmente reciclado ou reutilizado após o período de vida útil ou, então, que seja desmanchado para que suas peças sejam reutilizadas.

Embora aparentemente negócios e sustentabilidade sejam áreas conflitantes, Kotler e Armstrong (2015) destacaram que muitas empresas têm adotado políticas de ambientalismo sustentável, ou seja, desenvolvido estratégias que não somente conservam o meio ambiente, mas também geram lucros para a empresa. Essas empresas estão agindo não porque alguém as está forçando ou para ganhar lucros imediatos, mas *por ser a coisa certa a fazer* – tanto para a empresa quanto para o futuro ambiental do planeta.

2.3 Descarte de produtos e embalagens

A maioria dos produtos disponíveis no mercado estão associados a algum tipo de embalagem. Seja de plástico, metal, papel ou outro tipo, as embalagens geralmente acondicionam um produto.

Após o uso do produto, no entanto, o destino mais provável da embalagem é o descarte e é nesse momento que o problema ambiental é desencadeado. Adicionalmente, muitos dos produtos serão agrupados dentro de uma sacola plástica, como no caso de compras em supermercados, por exemplo, potencializando ainda mais o problema ao ser descartada.

A compra de um refrigerante, desinfetante, sabão em pó, extrato de tomate e pacote de biscoitos, por exemplo, representará um conjunto de cinco diferentes tipos de embalagens que provavelmente após o seu uso serão descartadas. E qual será o destino dessas embalagens?

Em muitos casos, as embalagens serão descartadas pelas pessoas em contêineres apropriados que serão posteriormente objeto da coleta de lixo municipal. Assim, nesse caso, o seu destino final poderá ser o chamado "lixão", o aterro controlado ou o aterro sanitário. Cada um desses tipos envolve diferentes tipos de geração de impactos ambientais.

O chamado "lixão" representa a situação menos desejável já que os resíduos são depositados em um terreno, geralmente distante das cidades, sem nenhum tipo de preocupação com os impactos ambientais. Assim, ocorre a contaminação do solo e dos lençóis freáticos por meio do chorume, que é o líquido escuro que escorre desses resíduos. Há também a geração de gases e atração de insetos, urubus e outros tipos de animais. Em termos econômicos esta é a alternativa mais barata visto que basta ter a coleta do lixo e o terreno para depositá-lo.

O aterro controlado é uma solução paliativa que reduz os impactos ambientais negativos, mas não soluciona o problema. Uma manta de terra cobre os resíduos a cada vez que são depositados no terreno. Pode haver também a captação do metano que é o gás exalado pelo "lixo". Todavia, ainda ocorre a contaminação do solo e dos lençóis freáticos por meio do chorume. Esta alternativa envolve gastos financeiros haja vista que é necessário que uma pessoa, ou equipe, faça a cobertura dos resíduos com a terra e também capte o gás.

Por fim, o aterro sanitário é a opção mais sustentável e também a que envolve maiores custos. Nesta situação, além da captação do gás metano e cobertura do lixo (evitando a atração de diversos animais) é feita uma impermeabilização do solo, com captação do chorume, impedindo, assim, a contaminação do solo e do lençol freático.

O descarte do lixo é a opção menos preferível. Somente deveriam ser descartados no ambiente os produtos que não tivessem viabilidade técnica para sua reutilização ou reciclagem. E mesmo assim estes produtos deveriam ser descartados em aterros sanitários, contribuindo assim para a diminuição dos impactos ambientais negativos. As opções de reutilização e reciclagem serão vistas nos próximos capítulos.

Mesmo as embalagens descartadas corretamente nos aterros ocupam espaço e causam transtornos, pois uma simples embalagem de papel ou papelão leva de três a seis meses para se decompor na natureza, enquanto que a embalagem de metal pode levar mais de cem anos para completar esse processo; por sua vez, o alumínio pode demorar mais de duzentos anos, enquanto que o plástico mais de quatrocentos anos, e o vidro mais de mil anos. Em um país como o Brasil, por exemplo, cerca de 25 mil toneladas de embalagens são descartadas diariamente em depósitos de lixo, o que corresponde a 20% de todo o lixo produzido pela população (PENSAMENTO VERDE, 2017b).

Se o descarte dos produtos e suas embalagens ficasse restrito apenas ao que vai para os depósitos de lixo, o problema, apesar de ser grande, ficaria limitado a uma esfera local. Todavia, uma quantidade considerável dos resíduos vai parar em cursos d'água como rios, e lagos e, por conseguinte, nos oceanos.

2.4 O lixo nos oceanos

O lixo descartado pelas pessoas nas cidades pode tomar diversos destinos. Ele pode ser reciclado ou reutilizado; pode parar em depósitos tecnicamente preparados para recebê-los (como os aterros sanitários) ou sem tal preparação (aterros controlados e "lixões"); pode ser incinerado; ou, então, parar nos cursos d'água por intermédio do próprio homem ou pela ação das chuvas, por exemplo. Com o tempo a tendência é chegar até os oceanos.

Nos oceanos, o plástico pode ser confundido como alimento pelos animais e provocar a sua morte por asfixia. Diversas reportagens têm mostrado lixo encontrado em animais marinhos. Estudos indicam que o volume de resíduos nos oceanos é maior do que se supõe. Embalagens de produtos de marcas de diferentes países chegam a ilhas desertas, no meio dos oceanos, provocando poluição e impactando negativamente o ambiente.

A alarmante situação fez com que algumas iniciativas surgissem. Um dos projetos prevê a limpeza de metade das ilhas de lixo globais, com atividades de coleta e remoção do lixo e é capitaneada pela empresa *Ocean Cleanup*, fundada em 2013 por um jovem empreendedor de 22 anos.

Com foco na captação de grande quantidade de material plástico presente nos oceanos, a *Ocean Cleanup* realizou uma série de testes na costa do território holandês, utilizando uma grande barreira para impedir que toneladas de lixo fossem descartadas em alto mar. Essa versão reduzida era de apenas 100m de comprimento e cobertura de até 4.500m de profundidade. Posteriormente, o desenvolvedor aplicou uma série de melhorias que elevaram o *design* do sistema, assegurando-lhe uma nova *performance* que possibilitará limpar metade da área das ilhas de lixo globais (PENSAMENTO VERDE, 2017c).

A preocupação com a quantidade excessiva de embalagens fez com que algumas empresas promovessem iniciativas como no caso dos supermercados sem embalagens.

2.5 Supermercados sem embalagens

Um supermercado sem embalagens? É possível? Pode parecer estranho, mas a ideia é bem simples. Basta pensar que não haverá caixas nem recipientes que acondicionam os produtos, o que fará com que o consumidor precise pensar, de antemão, naquilo que irá comprar e a forma com a qual carregará as compras para casa. Evidentemente isso demanda mudança de paradigma e nova concepção de consumo alicerçada na consciência ambiental. A base cultural desses indivíduos é elemento fundamental para essa nova proposição.

Embora possa parecer radical para alguns, um supermercado sem embalagens pode ser muito eficiente, pois evitará a geração de resíduos desnecessários, como no caso das embalagens. Adicionalmente, poderá ajudar no desperdício de alimentos, visto que será possível escolher quantidades menores para a família e não correr o risco do alimento, por exemplo, apodrecer na geladeira.

Um supermercado sem embalagens também demanda que os clientes passem a levar a sua sacola de pano reutilizável, pois certamente não encontrará sacolas plásticas para colocar as compras.

Berlin, capital da Alemanha, ganhou seu primeiro supermercado 100% sem embalagens. Duas jovens empresárias inauguraram o *Original Unverpackt*, o primeiro supermercado onde produtos embalados não são comercializados. As mercadorias são vendidas por peso, o que simplifica até na hora de comparar o preço. Para abrir o empreendimento, as jovens empresárias obtiveram um financiamento coletivo hospedado na plataforma Startnext, em que os internautas fizeram doações de 8 a 3 mil euros para atingir a meta de 45 mil. Uma semana antes de esgotar o prazo, a dupla já havia passado a marca dos 100 mil euros (THE GREENEST POST, 2017a).

Seguindo a mesma linha de Berlim, a cidade de Paris também possui um supermercado sem embalagens. A exemplo do supermercado da capital alemã, não há caixas, plásticos ou qualquer outro invólucro, pois tudo foi pensado e desenvolvido para não necessitar desses itens.

O supermercado parisiense se chama *Biocoop21*, uma homenagem à COP 21 (21ª Conferência de Clima da ONU) e tudo lá é vendido a granel, da mesma forma como era na "época dos avós", quando se comprava os produtos em sacas de feijão, arroz etc. A loja vende cerca de 250 produtos entre pães, frutas, legumes, massas, arroz, iogurte, manteiga e queijo, tudo orgânico e produzido localmente. O cliente deve, então, levar de casa seus potes e embalagens, o que, além de ser mais sustentável, faz com que o custo dos produtos seja mais baixo. Caso um cliente tenha se esquecido ou não tenha levado recipientes suficientes, o supermercado disponibiliza frascos de vidro e sacolas reutilizáveis feitas de algodão orgânico para carregar as compras (RAZÕES PARA ACREDITAR, 2018).

Empreendimentos dessa natureza, para terem sucesso, necessitam do apoio e preferência dos consumidores. A cultura contribui nesse processo, pois tudo é questão de costume. As pessoas reaprendem velhos hábitos (que seus avós tinham) e entendem que algumas facilidades de tecnologia e transporte, embora tenham trazido comodidade também trouxeram poluição e grande número de lixo gerado sem necessidade.

EXERCÍCIOS

1) A tecnologia avança rapidamente em produtos como *smartphones*. A inclusão de novos aplicativos, a necessidade de mais espaço de memória e capacidade de processamento são aspectos que normalmente "forçam" as pessoas a trocarem de aparelhos. Isso também ocorre com diversos outros produtos que são utilizados na sociedade moderna. Cite alguns produtos que você conhece e que praticam a obsolescência programada.

2) Comente sobre os aspectos positivos e negativos da obsolescência programada. Ela é um "mal necessário"? Quais os impactos negativos que ocasiona ao meio ambiente? Existe alguma forma de reverter ou amenizar esses impactos? Comente a respeito.

3) Você se preocupa com o excesso de embalagem dos produtos que consome? Já deixou de comprar algum produto por causa disso? Comente a respeito.

4) O que você faz com as embalagens dos produtos após o seu uso? E com o produto que não tem mais serventia? Que destinação dá a eles?

5) Você faz a separação do lixo em casa? Separa o lixo orgânico do lixo seco? A sua cidade tem coleta seletiva do lixo?

6) Uma das possibilidades para minimizar o descarte de lixo é a "redução no consumo". Você já pensou a respeito ou já praticou a redução do consumo? Quais os maiores obstáculos para se concretizar fielmente esta ação?

7) Qual a importância da educação ambiental nos processos de redução de consumo e/ou melhor utilização de embalagens e produtos?

8) Qual o papel das empresas nos processos de redução da embalagem dos produtos? E o papel do governo?

9) Como o comportamento pró ativo do consumidor pode fazer a diferença em prol de um consumo mais consciente?

10) Você sabia que uma grande parte do lixo acaba parando nos cursos d'água e, pior, muitos deles podem tomar o destino dos oceanos? Sabendo ou não, qual o impacto ambiental causado?

11) O que você acha do projeto *Ocean Cleanup* descrito no texto? Acredita que ele possa ser viável econômica e tecnicamente? Surpreende o fato de a proposta vir de um empreendedor de apenas 23 anos?

12) Você já descartou lixo nas ruas ou nos rios? Já viu alguém fazendo isso? Qual a forma correta de descarte do lixo? Como a

educação ambiental das pessoas pode ajudar na sensibilização do descarte do lixo?

13) O texto cita iniciativas de supermercados sem embalagens na Alemanha e na França. Você conhece outros exemplos?

14) Você usa sacolas retornáveis (como as sacolas de pano) ao fazer compras em supermercados? Qual a sua opinião sobre a legislação que restringe o uso de sacolas plásticas em alguns países? Por que é uma iniciativa que vinga em alguns lugares e em outros não?

15) A compras de produtos a granel e pesados era uma prática comum antigamente. Com o passar do tempo tornou-se mais comum encontrar produtos embalados e com a marca do fabricante. Quais os prós e contras desse novo sistema?

3

Sustentabilidade e reutilização

3.1 Impactos ambientais na produção

Os produtos e serviços gerados pelas empresas podem originar diversos impactos ambientais, tanto positivos como negativos. A intensidade desses impactos, contudo, dependerá de cada organização, de seu planejamento e do grau de conhecimento e importância que seus dirigentes dão à questão ambiental.

Ao analisar o ciclo de vida de um produto, ou seja, o "caminho" percorrido desde a extração da matéria-prima até o descarte pelo consumidor, a conduta da empresa pode ser boa ou má, conforme apresentado na Tabela 3.1.

Pelo apresentado na Tabela 3.1, dependendo da conduta exercida pela organização haverá maiores ou menores impactos ambientais negativos. Que haverá impactos negativos não restam dúvidas, no entanto eles podem ser minimizados, caso haja planejamento e conscientização da empresa, desde a aquisição da matéria-prima até a busca por *feedback* de seus clientes e da sociedade como um todo.

Analisando pela lógica do uso inteligente dos recursos naturais pelo homem, pode-se chegar a algumas conclusões.

Tabela 3.1 Fases do ciclo de vida de um produto e a conduta empresarial

Fase do ciclo de vida	Más condutas empresariais	Boas condutas empresariais
Entrada (input)	A empresa não se preocupa com a origem responsável da matéria-prima. Os impactos ambientais negativos na extração da matéria-prima nunca são um fator decisivo para a empresa. A empresa não se preocupa com a origem legal da matéria-prima. Em alguns casos, essa ilegalidade pode significar redução nos custos de aquisição para ela.	A empresa se preocupa com a origem responsável da matéria-prima. Em alguns casos essa comprovação ocorre por meio da rastreabilidade. A empresa se preocupa em relação aos impactos ambientais negativos na extração da matéria-prima. A empresa se preocupa com a origem legal da matéria-prima.
Processamento	Para a empresa a produção deve ser no maior ritmo possível, a fim de se reduzirem os custos unitários de produção. O objetivo central da empresa é o lucro. Assim, produzir muito é o lema, e tudo que se puder fazer para reduzir os custos será feito.	A empresa tem um planejamento de produção que leva em conta as questões ambientais. Os setores de "pesquisa e desenvolvimento" e "*marketing*" trabalham em conjunto com o setor "produção", a fim de identificarem possíveis melhorias no projeto do produto. Esse projeto deve ser continuamente repensado.

	Planejamentos a respeito das questões ambientais são considerados aspectos supérfluos e que irão desviar a empresa de seu objetivo, que é o lucro.	A empresa planeja formas de otimizar a matéria-prima, por meio de cortes mais precisos.
		A empresa promove campanhas de conscientização em relação ao uso de água e energia.
	A empresa descarta os resíduos de sua produção no meio ambiente. Quando é possível, ela tenta encontrar um comprador para esses resíduos.	A empresa realiza estudos sobre como reaproveitar os resíduos gerados em seu processo produtivo. Quando possível, ela confecciona subprodutos que irão agregar valor à matéria-prima descartada.
		Outras alternativas serão vender o resíduo para ser aproveitado por terceiros ou então contratar uma empresa autorizada para efetuar a destinação correta do resíduo.
		A empresa utiliza ferramentas como a "produção mais limpa" (P+L), ecoeficiência, *ecodesign*, entre outras.
Saída (*output*)	Não há preocupação das empresas em relação ao uso ou descarte dos produtos e embalagens vendidos aos consumidores.	A empresa busca orientar os consumidores a respeito da melhor forma de uso e descarte dos produtos que vende.
		A empresa objetiva colocar no mercado produtos, serviços e embalagens que promovam a melhoria da qualidade de vida humana, sem se descuidar dos possíveis impactos ambientais negativos que podem ser ocasionados.

Saída *(output)*	A empresa entende que a responsabilidade pelo uso e descarte dos produtos fabricados por ela passa a ser de quem os adquiriu.	Os produtos e/ou embalagens oferecidos pela empresa possuem alta taxa de reciclabilidade ou, então, podem ser reutilizados por um segundo possuidor. Em outros casos, o produto poderá fornecer peças para serem usadas em diversos produtos. Quando as alternativas anteriores não são possíveis, seu produto e/ou embalagem deve ser descartado, pois ele foi elaborado de forma a minimizar os impactos ambientais negativos em sua disposição final.
Retorno da informação *(Feedback)*	A empresa estabelece canais apenas para cumprimento da legislação ou para esclarecer dúvidas dos clientes. A empresa entende que cabe somente a ela promover modificações em seu produto e que esse movimento nunca poderá vir de "fora para dentro".	A empresa cria canais para orientar o consumidor a respeito do uso e descarte de seus produtos e, por meio desses canais, recebe informações para melhorar as suas condutas. Dentre esses canais, estão o contato por meio telefônico, pela internet, por endereço postal, entre outros. A empresa monitora o nível de satisfação de seus clientes e da própria sociedade em relação aos seus produtos, por meio de diversos canais e também pela internet, como no caso de redes sociais.

| Retorno da informação (Feedback) | Aspectos relacionados à matéria-prima responsável ou à sustentabilidade ambiental via de regra serão arquivados pela empresa. A empresa somente tomará alguma medida caso seja impelida pela legislação. | Sugestões ou críticas apresentadas nos canais servirão para a empresa refletir sobre o processo de produção e discutir a possibilidade de melhorias no projeto do produto. A empresa estimula a cocriação, ou seja, os clientes participam da concepção de produtos novos e melhoria nos atuais. |

Fonte: Alves, 2017b.

Como apresentado no item "saídas" ou *output*, preferencialmente um produto e/ou embalagem deve ser passível de ser reutilizado por outro usuário, como no caso de produtos doados, vendidos como produtos de "segunda mão" etc. (tema do presente capítulo). Ou, então, devem ser elaborados de forma a facilitar o processo de reciclagem de sua matéria-prima (tema do capítulo posterior). Em alguns casos, ainda deve ser possível reaproveitar suas peças para serem utilizadas em outros produtos.

Em última análise, eles devem ser destinados à disposição final, ou seja, devem ser descartados em locais próprios como aterros sanitários, por exemplo. Para que isso ocorra de forma satisfatória, é imprescindível que o produto e/ou embalagem sejam confeccionados com matérias-primas que geram menor impacto ambiental negativo.

Importante destacar que todo processo produtivo destinado à elaboração de produtos implica gasto de água, energia e matéria-prima. Assim, o descarte desses produtos significa também o descarte desses insumos na natureza e, portanto, deveria ser a alternativa menos desejável.

Ao planejar todo o ciclo de vida dos produtos, não somente a origem da matéria-prima e a fabricação do produto devem ser consideradas, mas também as formas de minimizar os impactos negativos dos produtos e embalagens descartados. Por isso, torna-se importante, também, o planejamento ambiental no final da cadeira produtiva e isso engloba o desenvolvimento da logística reversa.

3.2 Desenvolvimento da logística reversa

A produção de um bem qualquer representa apenas uma etapa do ciclo de vida de um produto, que ainda deve chegar ao consumidor para, posteriormente, ter uma destinação final.

Para que este novo bem chegue ao consumidor é necessário estabelecer atividades de logística (aqui chamadas de *logística tradicional*) e para que ele tenha uma destinação correta é necessário estabelecer atividades de logística reversa.

A logística tradicional pode ser entendida como as atividades de planejamento, implementação e controle de todo o fluxo e armazenagem de produtos, bem como os serviços e informações associados, cobrindo desde o ponto de origem até o ponto de consumo. Seu objetivo é o atendimento dos requisitos e exigências do consumidor. Essa definição é adotada pelo *Council of Supply Chain Management Professionals* dos Estados Unidos (LEITE, 2017).

Já a logística reversa corresponde às atividades visando ao reaproveitamento de sobras de matérias-primas, reciclagem ou reuso de materiais, podendo ou não ser incorporados no processo produtivo, bem como na reutilização de água.

No processo de desenvolvimento da logística, seja ela tradicional ou reversa, é importante destacar como ocorrem as transações comerciais. A troca de bens e serviços por dinheiro constitui-se na base do comércio moderno. Algumas vezes, no entanto, a transação pode ocorrer sem o dinheiro, ou seja, troca-se uma mercadoria ou serviço por outra coisa não monetária. Essa prática é conhecida por escambo.

Em geral, uma cadeia produtiva começa com os produtores e, ou, fornecedores, passa pelo fabricante, depois atacadista, varejista e, por fim, pelo consumidor final. Dessa forma, os fabricantes adquirem matéria-prima e componentes dos fornecedores ou produtores e comercializam seus produtos a atacadistas que, por sua vez, vendem aos varejistas. Em alguns casos podem não existir atacadistas atuando no canal de comercialização, o que faz com que os fabricantes comercializem direto aos varejistas. Por fim, os varejistas vendem seus produtos aos consumidores finais. Com o surgimento e expansão das atividades de comércio eletrônico, alterações podem ocorrer nessa estrutura, eliminando alguns intermediários da cadeia.

O mais importante, contudo, é que a cadeia seja gerenciada como um processo de negócios que conecta os clientes com a organização, estendendo-se para cima até a base de fornecedores. O modelo da Figura 3.1 foi elaborado com base na teoria de cadeia de demanda de Kotler e Armstrong (2015). A figura apresenta um exemplo dos possíveis parceiros dos níveis "acima" e "abaixo" de uma empresa que fabrica produtos verdes.

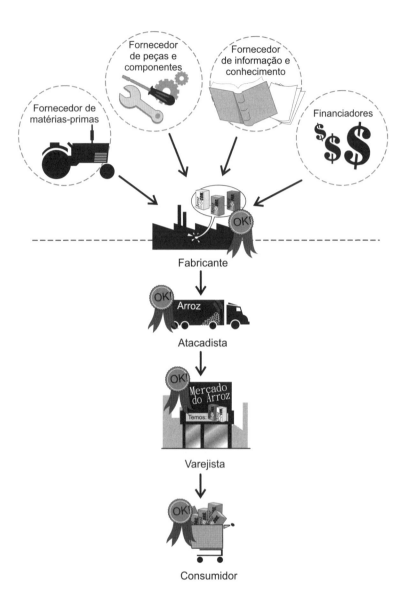

Figura 3.1 Cadeia de demanda de níveis "acima" e "abaixo" de uma empresa que fabrica produtos verdes
Fonte: Alves, 2017a.

A cadeia de nível "acima" da empresa representa o conjunto de organizações que irão fornecer algum tipo de insumo, matéria-prima ou serviço para a empresa. No caso de um produto verde, poderia fazer parte dessa cadeia, o produtor que cultiva o arroz orgânico certificado, por exemplo, fornecedores de peças e componentes das máquinas utilizadas na fábrica, empresas que oferecem cursos de capacitação para os empregados e gestores, empresas que prestam serviços de diversas naturezas como contabilidade e informática, além de possíveis financiadores das atividades da empresa, como bancos que podem lhe emprestar dinheiro ou acionistas (ALVES, 2017a).

A rigor a empresa poderia oferecer o produto diretamente ao consumidor sem precisar passar por diversos intermediários como distribuidores, atacadistas e varejistas. Apenas o "fabricante" (empresa em questão) e o "consumidor" (sejam pessoas ou outras empresas) aparecem sempre na cadeia de demanda. Os demais podem ou não fazer parte da cadeia dependendo da configuração que foi construída.

Embora a empresa acabe entregando parte do controle de "como" e "para quem" os produtos serão vendidos, a introdução de outras organizações na cadeia de demanda tem sua importância. Segundo Kotler e Armstrong (2015), o uso de intermediários se deve à maior eficiência deles em oferecer mercadorias para o mercado consumidor. Além disso, graças aos seus contatos, experiência e escala operacional, geralmente os intermediários oferecem à empresa mais do que ela conseguiria realizar por conta própria.

Tradicionalmente, no entanto, as empresas enfatizam mais os níveis abaixo da cadeia de demanda, já que eles estão mais relacionados com o mercado consumidor e representam a ligação delas com os clientes.

Tanto as organizações dos níveis acima como as do nível abaixo podem participar de cadeias de demanda de outras empresas, contudo, é o desenho único da cadeia de cada empresa que lhe permite entregar valor superior aos clientes (KOTLER & ARMSTRONG, 2015).

Quando as organizações de uma cadeia de demanda trabalham em sintonia e com direitos e deveres respeitados, com foco na satisfação dos clientes, é possível construir uma rede de valor. Para Kotler e Keller (2013), uma rede de valor representa um sistema de parcerias e alianças que a empresa cria para produzir, aumentar e entregar seus produtos ao mercado e inclui as organizações dos níveis acima e abaixo dela. Adicionalmente, a rede de valor inclui relações valiosas com terceiros, como pesquisadores acadêmicos e agências governamentais regulamentadoras.

Ao gerenciar intermediários, a empresa deve decidir quanto esforço vai dedicar às estratégias de pressão *(push)* e de atração *(pull)*. Esses dois tipos de estratégias devem manter e reforçar a conscientização do consumidor com relação aos seus produtos. A diferença entre elas é destacada a seguir, conforme Shimp (2001) e Kotler e Armstrong (2015):

a) Estratégia de pressão ou de empurrar *(push)*: nessa estratégia a empresa procura "empurrar" o produto pelos canais de distribuição até o consumidor final. Geralmente envolve descontos agressivos e esforços de venda pessoal para obter a distribuição de uma nova marca através de atacadistas e varejistas.

b) Estratégia de atração ou de puxar *(pull)*: nessa estratégia a empresa direciona suas atividades de *marketing* (principalmente propaganda e promoção de vendas) ao consumidor (clientes atuais e potenciais) para induzi-lo a comprar seu produto. Caso tenha sucesso na empreitada, a ideia é que os consumidores demandem o produto dos membros do canal que, deverão, então, demandá-los dos fabricantes. Assim, a demanda do consumidor "puxa" o produto pelos canais. Há uma ênfase relativamente pesada em publicidade orientada para o consumidor, de forma a encorajar sua demanda por uma nova marca, e, com isso, obter distribuição no varejo.

Embora algumas empresas se concentrem em estratégias "de pressão" e outras em estratégias "de atração", o mais comum é a empresa se utilizar de uma combinação das duas. Importante destacar que o "consumidor" mencionado anteriormente não se refere apenas aos consumidores pessoa física, mas também às pessoas jurídicas (empresas e demais tipos de organizações). Uma grande empresa de papel, por exemplo, pode exigir uma celulose certificada de seus fornecedores e, para isso, exercerá a estratégia de "puxar" a demanda (ALVES, 2017a).

Na estratégia de pressão *(push)*, a empresa deve utilizar equipes de vendas e promoções dirigidas ao revendedor para induzir os intermediários a expor, promover e vender o produto aos usuários finais. É uma estratégia especialmente interessante quando o grau de fidelidade à marca é baixa, quando a escolha da marca é feita na loja, quando o produto é comprado por impulso ou então quando seus benefícios são bem conhecidos. Já na estratégia de atração *(pull)*, a empresa deve utilizar a propaganda e a promoção ao consumidor para induzi-lo a pedir o produto aos intermediários, fazendo com que estes o encomendem. É uma estratégia apropriada quando há alto grau de fidelidade à marca e grande envolvimento na categoria do produto, quando as pessoas percebem diferenças entre as marcas e quando escolhem a marca antes de ir à loja (KOTLER & KELLER, 2013).

A estratégia de atração *(pull)* é especialmente interessante para os produtos verdes que desejam enfatizar sua qualidade ambiental. Orientar e educar o consumidor a respeito de atributos relacionados à saúde e ao meio ambiente pode fazer com que as pessoas passem a pedir o produto verde nos estabelecimentos comerciais.

Sobre esse aspecto, Ottman (2012) destacou que os consumidores de hoje estão fazendo mais do que apenas conferir preços e procurar por marcas familiares dentro dos mercados. Eles reviram as embalagens à procura de descrições mais detalhadas. Embora questões de desempenho, preço e conveniência continuem sendo importantes, os consumidores querem saber a respeito das especificidades de um produto, quanta energia é necessária durante o uso e se um produto e sua embalagem podem ser descartados com segurança. Além disso, continua a autora, como resultado da sustentabilidade e também de preocupações sociais (p. ex., o trabalho infantil, o comércio justo), os critérios de compra de hoje envolvem fatores que os consumidores não conseguem sentir nem ver.

Um produto com qualidade ambiental como um arroz orgânico certificado, por exemplo, poderia ser cultivado e industrializado pelo fabricante, que iria distribuí-lo por intermédio de atacadistas que, por sua vez, iria encaminhá-lo ao varejista (como um supermercado) para que estivesse à disposição dos consumidores, conforme apresentado na Figura 3.2.

Para que esse processo de distribuição ocorra, o fabricante terá que convencer os atacadistas e varejistas que devem comprar o seu produto verde e que ele será adquirido pelo consumidor.

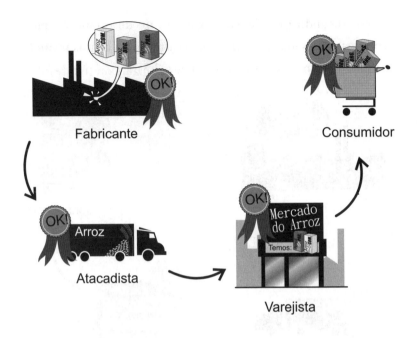

Figura 3.2 Estratégia de pressão ou de empurrar *(push)* para produtos verdes
Fonte: Alves, 2017a.

Quando o fabricante já está no mercado com produtos convencionais, é possível que essa etapa de "convencimento" dos demais canais de distribuição seja menos complicada, pois já existe uma relação de negócios entre eles. Contudo, se é uma nova empresa no mercado que deseja colocar seu produto verde na cadeia de distribuição, pode haver resistências de atacadistas e varejistas, até por força de contratos com empresas concorrentes já estabelecidas no mercado. Uma alternativa, para essa empresa, seria oferecer descontos maiores para sensibilizar os atacadistas e, ou, varejistas, ou, então, procurar canais de distribuição onde a resistência fosse menor (ALVES, 2017a).

No segundo tipo de estratégia de *mix* de promoção para produtos verdes, que é a estratégia de atração ou de puxar *(pull)*, a demanda vem do consumidor (Figura 3.3).

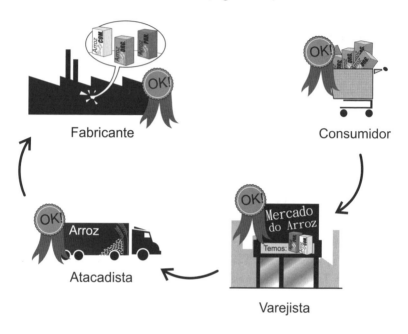

Figura 3.3 Estratégia de atração ou de puxar *(pull)* para produtos verdes
Fonte: Alves, 2017a.

Na estratégia de atração ou de puxar *(pull)*, são os elementos da cadeia intermediária e os consumidores que irão requerer do fabricante o produto com as características que deseja comprar. Embora não pareça ser possível que o consumidor exerça tamanha influência, na prática essa estratégia é muito utilizada. Com frequência pode ocorrer também que a demanda venha do atacadista, varejista ou dos demais intermediários da cadeia de distribuição (ALVES, 2017a). Segundo Kotler e Armstrong

(2015), as empresas que fabricam bens de consumo geralmente usam mais a estratégia de atração *(pull)*, alocando mais recursos à propaganda, seguida de promoção de vendas, venda pessoal e relações públicas.

Mudanças introduzidas em gôndolas de supermercados, com seções dedicadas exclusivamente a produtos com atributos ligados à saúde, como os do tipo *light, diet* e zero, ou, então, espaços destinados a produtos que possuem atributos de qualidade ambiental como os produtos orgânicos, por exemplo, são exemplos de mudanças vindas a partir do mercado consumidor. Essas mudanças, muitas vezes, partiram das próprias empresas, com a utilização de ferramentas de comunicação de *marketing* como propagandas, patrocínios, *merchandising*, malas diretas, entre outros, com o intuito de criar "consciência" nos consumidores e levar maior "conhecimento" sobre o novo produto.

3.3 Logística reversa e reutilização de materiais

Se por um lado a logística tradicional permitiu às empresas escoarem de forma inteligente os produtos nos diversos canais de distribuição, permitindo a formação de uma sociedade consumista, por outro lado, contribuiu para a geração de excessos de produtos, embalagens, bem como de diversos tipos de resíduos, agravando a problemática ambiental. Tais problemas contribuem para o surgimento da logística reversa, definida por Leite (2017) como a área da logística empresarial que planeja, opera e controla o fluxo e as informações logísticas correspondentes, do retorno dos bens de pós-venda e de pós-consumo ao ciclo de negócios ou ao ciclo produtivo, por meio dos canais de distribuição reversos, agregando-lhes valor de diversas naturezas:

econômico, ecológico, legal, logístico, de imagem corporativa, entre outros.

A Figura 3.4 apresenta, de forma simplificada, uma estrutura de cadeia de distribuição tanto apresentando a logística tradicional como a logística reversa.

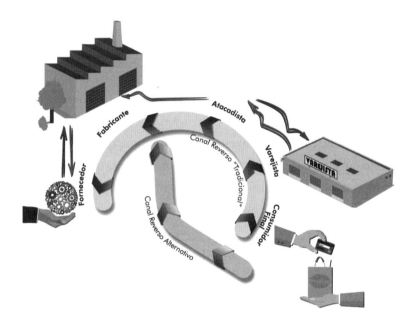

Figura 3.4 Logística tradicional e reversa – Canal reverso tradicional e alternativo
Fonte: Alves, 2016.

Na Figura 3.4 os produtos são distribuídos do fornecedor ao consumidor final por meio da logística tradicional, passando pelos diversos canais. De forma contrária, a logística reversa apresenta, na forma mais usual, a distribuição por meio do canal reverso tradicional, na qual o produto, sua peça ou embalagem retorna do consumidor aos diversos canais, podendo chegar ao fornecedor, para fins de destinação correta ou para reaproveitamento no processo produtivo.

Da mesma forma, é possível que o produto, peça ou embalagem sem valor para o consumidor possa "pegar um atalho" e voltar por um canal reverso alternativo, como, por exemplo, um ponto de coleta de produtos para reciclagem, cujos produtos podem ou não serem destinados ao fabricante original.

Alguns sinais de tendência à descartabilidade foram destacados por Leite (2017), como o lançamento de novos produtos, o lixo urbano, a produção de computadores, a produção de materiais plásticos e a produção de automóveis. Para Dickson (2001), no entanto, não é sempre que os consumidores precisam comprar modelos novos e que, muitas vezes, realmente não o fazem. Para o autor, se os consumidores estão preocupados com a rápida obsolescência de suas aquisições, eles sempre têm a possibilidade de evitar as compras. Esse fator pode criar oportunidades de *marketing* que permitam aos consumidores incorporar o último avanço tecnológico na sua aquisição, como tem ocorrido com *softwares* de computadores, ao invés de comprar um produto novo.

De qualquer forma, a primeira consequência da redução da vida útil dos produtos é o aumento da quantidade de itens a ser manipulada nos canais de distribuição diretos, já que frequentemente são lançados novos produtos. Com o aumento da oferta de produtos nos canais de distribuição e o maior consumo dos produtos, a tendência é que mais resíduos e lixos sejam gerados, ocasionando problemas ambientais.

A logística reversa surgiu como uma alternativa para tentar equacionar esses problemas, no sentido de revalorizar economicamente os produtos e resíduos não mais utilizados e se utilizar canais de distribuição reversos.

Segundo Leite (2017), a logística reversa pode ser dividida em duas modalidades:

a) Logística reversa de bens de pós-consumo: é constituída pelo fluxo reverso de uma parcela de produtos e de materiais constituintes originados do descarte dos produtos depois de finalizada sua utilidade original e que retornam ao ciclo produtivo de alguma maneira. Nesse tipo de logística reversa são comuns atividades de reciclagem, *reuso* e desmanche. Na impossibilidade de reaproveitamento dos materiais, eles podem ser enviados para sistemas de destinação seguros ou controlados, que minimizam a poluição, ou então não seguros, que provocam maiores impactos negativos ao meio ambiente.

b) Logística reversa de bens de pós-venda: é constituída pelas diferentes formas e possibilidades de retorno de uma parcela de produtos, com pouco ou nenhum uso, que fluem no sentido inverso, do consumidor ao varejista ou ao fabricante, do varejista ao fabricante, entre as empresas, motivadas por problemas relacionados à qualidade em geral ou a processos comerciais entre empresas, retornando ao ciclo de negócios de alguma maneira.

A logística reversa de bens de pós-consumo tem uma conotação mais relacionada com o reaproveitamento de materiais e de componentes, tendo uma ligação estreita com as questões ambientais; a logística reversa de bens de pós-venda, por outro lado, está mais ligada com a competitividade da empresa, redução de custos e melhoria de sua imagem institucional, sendo uma ferramenta mais comercial.

Para as discussões relacionadas às questões ambientais, a logística reversa de bens de pós-consumo é a que tem maior importância e já tem sido objeto de implementação em algumas empresas. De acordo com Ottman (2012), com o objetivo de alcançar um índice de recuperação de 100%, a Nissan®, gigante japonesa fabricante de carros, tem se concentrado nos três erres (reduzir, reutilizar e reciclar) ao longo do ciclo de vida útil do veículo. A empresa tem procurado reduzir o uso de materiais prejudiciais, incorporando partes plásticas de carros usados, usando plásticos reciclados e biomateriais renováveis, além de tornar suas peças mais eficientes e fáceis de serem recicladas.

Ainda, segundo a autora, uma empresa chamada Aqus desenvolveu uma tecnologia inteligente *(greywater)* na qual a água desperdiçada na pia do banheiro entra no vaso sanitário e então é utilizada para a descarga, fazendo com que a água seja usada duas vezes, sem custos adicionais. Como cerca de 40% de toda água utilizada em uma residência são para fins de descarga, combinar a pia e o vaso sanitário em um sistema novo economiza, numa casa comum com dois moradores, entre 38 e 76 litros de água por dia, ou cerca de 15.400 litros por ano. Esse é um exemplo clássico de reutilização de insumo, no caso a água.

A reutilização, conforme Pereira et al. (2012), é um canal reverso em que é necessário que o bem de pós-consumo tenha condições de ser reusado e que a cadeia esteja estruturada para a coleta, seleção e revalorização, como no caso do exemplo da reutilização da água. Muitas vezes, na reutilização, ocorre o encaminhamento de um bem para um mercado de "segunda mão", como no caso de lojas de ponta de estoque, bazares, brechós, lojas de produtos usados e livros vendidos em sebos.

A seguir serão vistos alguns exemplos de reutilização de materiais.

3.4 Reutilização de garrafas de vidro retornáveis

Que a forma de produzir e consumir mudou radicalmente de algumas décadas para cá não restam dúvidas. E ela era bem diferente até o final dos anos de 1980. Considerando que era uma época sem internet e com menor apelo publicitário, quando se compara com o mundo pós-2000, pode-se dizer que era uma realidade totalmente distinta.

Imagine um senhor de idade que vai todo dia pela manhã buscar pão na padaria, levando sua sacola de pano. Chegando lá, ele é recebido pelo dono do estabelecimento que lhe chama, alegremente, pelo nome e lhe pergunta "como está". O senhor compra os pães e o dono da padaria lhe recorda que naquele dia foi feito o pudim que a esposa dele tanto gosta. O senhor, ao saber da notícia, imediatamente compra o pudim. Tudo vai muito bem acondicionado em sua sacola de pano. Sacolas plásticas? Jamais. Um luxo (e lixo) que não existia naquela época!

Algumas horas depois, o mesmo senhor vai ao supermercado e leva alguns cascos vazios para comprar refrigerante para o almoço. Os cascos são para fazer a permuta com o supermercado: ele entrega os cascos vazios e paga apenas a diferença referente ao valor do líquido. A cada compra os cascos vazios são levados para comprar um novo refrigerante.

O supermercado, por sua vez, irá devolver os cascos vazios para a empresa de refrigerante que irá, após todos os processos de limpeza e higienização, envasar o recipiente com novo líquido para vender novamente o produto ao supermercado. E assim, o ciclo continua indefinidamente. Não havia a farra das garrafas PET de hoje.

Dois exemplos simples de como era o consumo no passado e como gerava menores impactos ambientais negativos: uso de sacolas de pano e retorno de cascos vazios de refrigerante.

Poucas coisas na rotina de uma pessoa com hábitos "boêmios" são mais importantes que o sagrado encontro com os amigos. Ao mesmo tempo em que a ocasião é marcada por muita diversão e, claro, bebidas – momento no qual vai garrafa cheia, volta garrafa vazia –, um pequeno ciclo acontece sem que muita gente perceba ou simplesmente dê importância. É o ciclo de economia circular das garrafas. Elemento importante para o futuro da relação entre o homem e o consumo de produtos, a economia circular é uma estratégia extremamente valiosa para os rumos da reciclagem e sustentabilidade como um todo.

Cientes da importância da economia circular, as empresas do setor estão apostando em medidas mais sustentáveis. A Ambev® (Companhia de Bebidas das Américas) veio a público anunciar que está destinando 1,5 milhão de reais de sua renda para investimentos em máquinas nacionais de coleta de garrafas retornáveis, visando a economia de até 70% nos custos logísticos da operação. A ação visa incentivar o uso de garrafas retornáveis por parte do consumidor e, consequentemente, promover a economia circular. O objetivo da empresa, que já conta com 900 equipamentos nos supermercados do país, é fornecer novas máquinas, ajudando a reforçar a proposta de redução de todo o processo (PENSAMENTO VERDE, 2017d).

Com as máquinas de coleta, a ideia é de que o consumidor seja incentivado a participar dessa prática de economia circular, por meio da troca de suas garrafas vazias por *tickets* de desconto na compra de outro produto retornável. A empresa também se preocupou em investir na criação de uma nova cesta, com o intuito de facilitar o transporte durante a troca de garrafas.

O projeto somente teve início após a cervejaria realizar uma pesquisa com o seu público e constatar que seus consumidores ainda não optam pelo uso de garrafas retornáveis no mercado, sendo que 35% dos entrevistados apontam a dificuldade na hora do transporte como principal problema dos modelos retornáveis. A pesquisa apontou também que 70% dos consumidores são conscientes de que as retornáveis são a opção mais em conta e que 21% utilizam o vasilhame retornável por enxergar suas vantagens sustentáveis (PENSAMENTO VERDE, 2017d).

3.5 Uso de materiais descartados na construção civil

Diversos materiais descartados podem ser reutilizados e terem uma nova destinação. Uma técnica que usa garrafas PET na construção, por exemplo, evita que uma grande quantidade de plástico seja descartada, contribuindo para substituir materiais convencionais como tijolos. O uso de garrafas PET, ao mesmo tempo em que contribui para a proteção ambiental, ajuda na redução dos custos de uma obra. Foi o que fez um pedreiro ao construir a sua própria casa usando este material.

A casa do pedreiro possui cerca de 100m², e as principais paredes são fabricadas com uma base que mistura garrafas plásticas cheias de terra, cimento e terra. Calcula-se que foram utilizadas cerca de 12 mil garrafas PET para a construção da casa.

Uma casa feita de garrafas PET, evita que uma quantidade considerável de plástico seja descartada, além de utilizar outros tipos de materiais em substituição àqueles comumente utilizados na construção civil. Geralmente é um material que seria jogado fora e que pode ser reaproveitado para construir uma casa.

Apesar de não ser uma casa convencional de alvenaria, o seu resultado e eficiência são iguais ao de qualquer casa e em certos aspectos até melhores. Uma casa desse tipo, pode ter telhado e acabamentos também feitos de forma sustentável utilizando, por exemplo, o barro.

O segredo, no entanto, é ter paciência. Levantar uma casa assim, em geral, demora mais tempo para ficar pronta e existe uma dificuldade maior com o assentamento do plástico. Todavia, também existem algumas facilidades. Um casa feita com garrafas PET consegue armazenar calor interno durante o frio e mantém o ambiente fresco durante o verão.

Outro fator importante é que a estrutura com garrafas PET facilita a instalação de sistemas hidráulicos, pois como não é necessário cortar paredes basta encaixar a estrutura entre as garrafas e chumbar. O pedreiro fez o alicerce de pedra de maneira a obter a mesma largura da garrafa, não deixando subir a umidade da terra para as paredes. Uma casa desse tipo pode utilizar técnicas ambientalmente corretas não apenas nas paredes. No acabamento pode-se usar barro e o arrimo pode ser feito com pneus reaproveitados. Assim, pode-se construir uma casa eficiente e com custos baixos.

Casas reutilizando materiais reciclados e/ou não mais úteis existem em diversas partes do planeta. Várias pessoas têm encontrado em pequenos espaços o ideal para viver bem, com pouco. Tal filosofia, além de solução para uma vida minimalista, pode ser uma ótima saída para pessoas que não possuem nada. Existe até um município da Califórnia, EUA, que construiu uma vila de minicasas para moradores em situação de rua.

Para espalhar ainda mais a ideia e prática de construir minicasas, foi criado o Projeto *Homeless Homes* (ou Casa dos Sem

Casa, em tradução livre). Foram construídas 12 moradias por voluntários e simpatizantes. Seus idealizadores passam uma parte de seu tempo livre coletando madeiras, vidros e móveis abandonados indevidamente no meio da rua para construir minicasas e distribui-las para pessoas em situação de rua, que vivem em Oakland, Califórnia. Para quem não tem como se proteger da chuva, do frio ou guardar seus poucos pertences, essa atitude faz muita diferença (THE GREENEST POST, 2017b).

O fundador do projeto, Greg Kloehn, sempre se interessou pela engenharia de moradores de rua. Observava como eles viviam com pouco, como ajeitavam e davam valor aos seus pertences. Com seu celular passou a registrar em fotos seus achados e lançou um livro chamado *A arquitetura dos sem-teto*. Para ele, construir minicasas é uma forma de ajudar as pessoas e também de se aproximar delas e ele se sente à vontade para passar tempo ouvindo suas histórias (THE GREENEST POST, 2017b).

Muitas das vezes as ações ambientais são acompanhadas por atitudes socialmente benéficas como as apresentadas no exemplo anterior. A chamada "responsabilidade socioambiental" não é tarefa apenas das pessoas, mas também de governos e empresas.

3.6 *Shopping* que vende produtos de "segunda mão"

O *shopping center* é um local de espaço amplo, geralmente localizado em áreas centrais e nobres das grandes cidades, e que se caracteriza pelo número elevado de lojas comerciais e empreendimentos de entretenimento e gastronomia. Tais lojas vendem diversos tipos de produtos como sapatos, roupas, livros etc., de forma que o consumidor encontra em um *shopping* invariavelmente todo o tipo de mercadoria que ele espera encontrar.

Mas e o que dizer de um *shopping* que vende produtos de "segunda mão"? Vender artigos usados já é uma prática muito comum em todo o mundo. Todavia imagine entrar em um *shopping* e encontrar somente produtos reutilizados. Pois é exatamente nisso que a cidade sueca Eskilstuna está apostando com a inauguração do *ReTuna Recycling Galleria*.

Há um depósito que recebe os itens usados que estejam em bom estado ou que possam ser restaurados. Depois de passar por lá, os produtos são distribuídos entre as catorze lojas do centro comercial. "Coisas que podem estar apenas um pouco quebradas e que, ao invés de ocuparem espaço em sua casa ou serem eliminadas no lixo, podem ser encaminhadas para a reciclagem em nossa central de recuperação", afirma um dos fundadores do projeto, composto de ativistas ambientais que residem em Eskilstuna (CICLO VIVO, 2016).

No *shopping* é possível encontrar vestuário, acessórios, artigos esportivos, mobiliário e até materiais de construção. Para os idealizadores, a iniciativa promove a redução do consumo desenfreado porque ajuda a reduzir a utilização de novas matérias-primas – o que contribui a uma redução na extração de recursos naturais, menor consumo de energia e de emissões de dióxido de carbono. A sustentabilidade não é sobre guardar e consumir menos, mas para fazer mais com os recursos que se tem. O espaço também inclui um restaurante que vende somente comida orgânica (CICLO VIVO, 2016).

Dessa forma, consegue-se a revalorização dos produtos de "segunda mão" por meio da oferta em um local de intenso movimento como é o caso de um *shopping*, agregando valor aos bens, movimento à economia circular e gerando empregos.

EXERCÍCIOS

1) Qual é a sua opinião sobre as máquinas de coleta de garrafas retornáveis? Elas existem em sua cidade ou em nosso país? Quais os principais prós e contras para o consumidor?

2) Qual o impacto que a coleta de garrafas retornáveis tem sobre o meio ambiente?

3) O que é mais difícil: ter empresas que desenvolvam estratégias como a apresentada no caso das máquinas de coleta de garrafas retornáveis ou as pessoas mudarem seus hábitos? Justifique sua resposta.

4) Você conhece (ou já leu sobre) alguma casa construída com garrafas PET? Qual a sua impressão sobre a qualidade e aspecto visual da mesma?

5) Qual a sua opinião sobre produtos feitos de materiais reciclados? Eles têm a mesma qualidade que os produtos feitos a partir de matéria-prima virgem?

6) Qual a importância que a ciência e a tecnologia têm para a descoberta de matérias-primas mais sustentáveis na confecção dos produtos? A pesquisa e desenvolvimento deve ser realizada pela empresa ou deve ser feita nas universidades?

7) O que você faz com os produtos e embalagens que não mais utiliza? Se forem produtos eletrônicos (como celulares, televisores, geladeiras), qual destinação que você dá a eles?

8) Existem diversos exemplos que unem solidariedade e reaproveitamento de materiais, como no caso do Projeto *Homeless Homes* apresentado no capítulo. Quais outros exemplos você conhece?

9) Ações como as apresentadas no Projeto *Homeless Homes* devem ter apoio do governo e das empresas? Ou apenas realizadas pela sociedade sem relação com eles? Como você entende essa relação?

10) Qual o papel das pessoas, cidadãos comuns, no consumo responsável e no provimento de melhores condições de vida para pessoas excluídas? E como deve ser o papel das empresas e dos governos?

11) Qual a sua opinião sobre o *shopping* da Suécia? Seria possível replicar essa ideia em outros países? Quais seriam os maiores empecilhos? Será que haveria demanda?

12) Hoje em dia diversos modelos de negócios buscam aliar vendas à sustentabilidade ambiental, como no caso do *shopping* de produtos de "segunda mão". Que outros modelos de negócio com essas características que você conhece?

4

Sustentabilidade e reciclagem

4.1 Repensar o projeto de um produto

Não há processo de produção de um bem sem geração de impactos ambientais negativos. O que as empresas ambientalmente responsáveis procuram, na medida do possível, é buscar a minimização de tais impactos por meio de redesenho de processos, treinamento de funcionários, otimização de recursos e matérias-primas utilizados na produção e uso de tecnologias mais eficientes.

Quando não é possível minimizar o impacto negativo direto na "fonte", as empresas terão que investir em tratamento e destinação adequada dos resíduos sólidos ou efluentes, o chamado controle de "fim de tubo" *(end of pipe)*. Essa ação contrasta com a "produção mais limpa" (P+L), entendida pelo Pnuma (2017), como a aplicação contínua de uma estratégia ambiental preventiva e integral que envolve processos, produtos e serviços, que visa ao aumento da eficiência total nos processos e a redução dos riscos ambientais e sociais no curto e longo prazo.

A Tabela 4.1 apresenta as principais diferenças entre as técnicas de "fim de tubo" e a "produção mais limpa".

Tabela 4.1 Principais diferenças entre as técnicas de "fim de tubo" e a "produção mais limpa"

Característica	Técnicas de "fim de tubo"	"Produção mais limpa"
Abordagem peculiar.	Reação.	Ação.
Resíduos, efluentes e emissões.	Controlados por meio de equipamentos de tratamento.	Ocorre a prevenção direta na fonte. Evita-se o uso de matérias-primas potencialmente tóxicas.
Matérias-primas, água e energia.	Não se preocupa com o seu uso eficiente.	Promove o seu uso eficiente.
Problemas ambientais.	São resolvidos com o auxílio da tecnologia disponível.	Todos na organização são responsáveis por sua solução, independentemente do nível hierárquico ou cargo que ocupa.
Etapa onde ocorre a proteção ambiental.	Atua após o desenvolvimento de processos e produtos.	Atua como parte integrante da formulação dos processos produtivos e do desenvolvimento dos produtos.
Característica da proteção ambiental.	Assunto para especialistas em meio ambiente.	Assunto e tarefa de todos na empresa.
Custos.	Acarreta custos adicionais para a empresa.	Ajuda a reduzir custos, pois alia o aspecto ambiental com o econômico.

Fonte: Adaptado de Senai, 2003.

De acordo com Dias (2011), a P+L adota os seguintes procedimentos:

- Quanto aos processos de produção: procura otimizar o uso de matérias-primas e energia, reduzindo a quantidade e a toxidade de suas emissões e resíduos.

- Quanto aos produtos: procura minimizar os impactos ambientais negativos ao longo de seu ciclo de vida, desde a extração das matérias-primas até a disposição final do produto, após seu tempo de vida útil.

- Quanto aos serviços: procura incorporar as preocupações ambientais no projeto e fornecimento de serviços.

Praticar a P+L é fazer ajustes no processo produtivo de forma a permitir a redução da emissão e geração de resíduos diversos, sendo feitas pequenas reparações na situação atual ou adquirindo novas tecnologias, simples ou complexas (NASCIMENTO et al., 2008).

Sempre que possível, a empresa deve repensar o projeto de seus produtos de forma a considerar o uso de matérias-primas que sejam facilmente recicláveis e, ou, reutilizáveis após a vida útil do produto, e que possam reduzir a geração de resíduos durante a fabricação.

Segundo Barbieri (2016), as mudanças nos processos devem objetivar a redução de todo tipo de perda nas fases de produção e se realizam por meio de:

- Boas práticas operacionais: por meio de atividades de planejamento e controle da produção, gestão de estoques, organização do local de trabalho, limpeza, manutenção de equipamentos, estudos destinados a evitar acidentes de trabalho nos deslocamentos de materiais, coleta e separação de resíduos, padronização de atividades, elaboração e atualização de manuais e fichas técnicas, treinamento de pessoal, entre outros.

- Substituição de materiais: consiste na avaliação e seleção de materiais para reduzir ou eliminar materiais perigosos nos processos produtivos ou a geração de resíduos perigosos, por exemplo, quando se faz a substituição de solventes químicos por solventes à base de água ou quando se selecionam matérias-primas e materiais auxiliares que gerem menos resíduos.

- Mudanças na tecnologia: ocorre quando são promovidas inovações nos processos produtivos visando à redução de emissões e perdas, podendo ser inovações de pequeno impacto, como mudanças nas especificações do processo, ou aquisição de novos equipamentos e instalações, alterações no *layout* e outros componentes do processo.

A finalidade principal da P+L é evitar a geração de resíduos e não somente a sua identificação, quantificação, tratamento e disposição final (SEIFFERT, 2014). Para Barbieri (2016), a preocupação central é a redução da poluição no processo de produção e no uso e descarte de produtos. Segundo o autor, a ecoeficiência, outra ferramenta utilizada na área, vai além desse aspecto quando se refere a produtos que atendam às necessidades básicas e faz recomendações a respeito da sua durabilidade. A ecoeficiência preconiza que a redução de materiais e energia por unidade de produto ou serviço aumenta a competitividade da empresa, ao mesmo tempo em que reduz as pressões sobre o meio ambiente, tanto como fonte de recursos, como depósito de resíduos.

O Conselho Empresarial Mundial para o Desenvolvimento Sustentável (*The World Business Council for Sustainable Development* – WBCSD) é uma associação mundial de cerca de 200 empresas que tratam exclusivamente de negócios e desenvolvimento sustentável, sendo que a ecoeficiência é um dos aspectos a serem atingidos pelas empresas.

Para o WBCSD (2017), a ecoeficiência possui três objetivos centrais:

- Redução do consumo de recursos: faz parte desse objetivo minimizar o uso de energia, materiais, água e solo, de maneira a facilitar a reciclagem e a durabilidade do produto.

- Redução do impacto na natureza: está relacionado com a minimização das emissões atmosféricas, descargas líquidas, eliminação de desperdícios e a proliferação de substâncias tóxicas, bem como impulsionar o uso sustentável de recursos renováveis.

- Melhoria do valor do produto ou serviço: inclui fornecer mais benefícios aos clientes, por meio da funcionalidade e flexibilidade do produto, ofertando serviços adicionais e apenas o que, de fato, os clientes necessitarem. A mesma necessidade deve ser satisfeita com menos materiais e menor uso de recursos.

Em resumo, poderia ser dito que o objetivo da ecoeficiência é a produção de bens e serviços a preços competitivos, promovendo a redução do impacto ambiental negativo e o consumo de recursos naturais, ao longo de seu ciclo de vida, a um nível equivalente à capacidade de sustentação estimada do planeta (ALMEIDA, 2002). A ecoeficiência é um instrumento de melhoria contínua, conceito popularizado na década de 1980 pelas empresas japonesas. Contudo, Almeida (2007), destacou que o processo de incorporação da ecoeficiência no cotidiano das empresas tem sido lento e geralmente suas ações são apenas pontuais e não mudam o quadro geral da problemática ambiental. Apesar de ser um instrumento valioso, não tem sido eficiente em termos globais, pois cada empresa opera de forma independente.

Outra ferramenta complementar à "produção mais limpa" e à ecoeficiência é o Projeto para o Meio Ambiente (*Design for Environment* – DfE), também conhecido como *ecodesign*. Sua finalidade principal, segundo Barbieri (2016), é se preocupar com os problemas ambientais ainda na fase de projeto, pois entende-se que as dificuldades e os custos para efetuar modificações crescem à medida que as etapas do processo de inovação se consolidam. O *ecodesign* procura estimular a inovação em produtos e processos de forma a reduzir a poluição em todas as fases do ciclo de vida do produto e necessitam, por isso, da participação de todos os setores da empresa. Além disso, pode ter diferentes objetivos como aumentar a quantidade de material reciclado a ser utilizado em um produto, reduzir o consumo de energia gasto na produção, facilitar a manutenção do produto ou favorecer a separação de materiais, após a vida útil do produto. De acordo com Nascimento et al. (2008), o *ecodesign* busca integrar as questões ambientais no *design* industrial, relacionando o que é tecnicamente possível com o que é ecologicamente necessário e socialmente aceitável.

A origem de muitos impactos ambientais negativos está no *design* dos produtos. Dessa forma, *repensar os projetos dos produtos*, propor novas alternativas, buscar a inovação e usar a criatividade em busca de produtos mais verdes deve ser o objetivo central da área de produção de uma empresa verde.

4.2 Produzir de forma sustentável

Seja qual for a ferramenta a ser utilizada na área de produção, busca-se a promoção da produção sustentável de forma a utilizar sempre matérias-primas de origem legal e que possam fornecer um produto que, após a sua utilização pelo consumidor, seja reciclável, reutilizável, sofrer desmanche ou então ter uma disposição segura. Adicionalmente, a produção sustentável visa minimizar os efeitos adversos gerados na produção como utilização intensiva de água e energia e a produção de resíduos em grande quantidade (ALVES, 2016).

Para as empresas, promover a produção sustentável significa a sua própria sobrevivência no longo prazo. A Figura 4.1 apresenta os indicadores de eficácia organizacional. Pode-se associar a figura em questão com o horizonte de curto, médio e longo prazo da área de produção e a importância da sustentabilidade ambiental como elemento fundamental para sobrevivência das empresas.

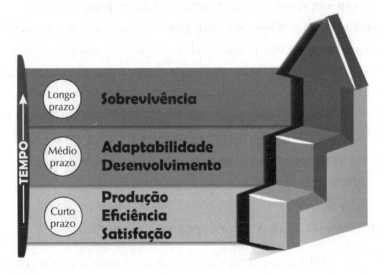

Figura 4.1 Indicadores de eficácia organizacional
Fonte: Adaptado de Chiavenato, 2009.

Produção sustentável deve estar relacionada com a incorporação, ao longo de todo o ciclo de vida de bens e serviços, das melhores alternativas possíveis para minimizar impactos ambientais e sociais. Deve, também, permitir a noção de limites na oferta de recursos naturais e visualizar a capacidade do meio ambiente para absorver os impactos da ação humana.

A produção sustentável deve ser menos intensiva em emissões de gases do efeito estufa e em energia e demais recursos, bem como *repensar o ciclo completo dos produtos*, enfatizando a ideia de "do berço ao berço" *(cradle to cradle* ou C2C*)*, destacada no livro de Braungart e McDonough (2013). Entrando em oposição à obsolescência programada, a produção sustentável deve procurar alongar a vida útil dos produtos e reaproveitar ao máximo possível os insumos da reciclagem em novas cadeias produtivas. Assim, em uma indústria C2C objetiva-se que os recursos sejam geridos em uma lógica circular de criação e reutilização, em que cada passagem de ciclo se torne um novo 'berço' para determinado material. A ideia é que o modelo linear seja substituído por sistemas cíclicos, permitindo que os recursos sejam reutilizados indefinidamente e circulem em fluxos seguros e saudáveis, tanto para os seres humanos e para a natureza.

Desta forma, a reciclagem se apresenta como uma importante alternativa de revalorização dos insumos.

4.3 Reciclagem e a concepção do produto

A reutilização e a reciclagem têm se mostrado importantes iniciativas na revalorização econômica dos produtos. São ações que além de proporcionarem ganhos ambientais também contribuem para diminuir custos de aquisição de novas matérias-primas ao utilizar um produto ou matéria-prima já disponível.

No que diz respeito à reciclagem, de acordo com Leite (2017), ela pode ser entendida como um canal reverso de revalorização, no qual os materiais constituintes dos produtos descartados são extraídos industrialmente, transformando-se em matérias-primas secundárias ou recicladas que serão reincorporadas à fabricação de novos produtos.

Os novos produtos devem ser desenvolvidos já pensando em sua reciclagem e aqueles que já existem devem ter o seu projeto repensado. Assim, a preocupação deve começar desde a concepção do produto, o que aumentaria o interesse pela reciclagem.

O assunto foi debatido no Fórum Economia Limpa promovido pela *Folha de S. Paulo* e a Abralatas (Associação Brasileira dos Fabricantes de Latas de Alta Reciclabilidade) por cerca de 20 dos maiores especialistas no assunto. Um dos presentes defendeu que se deve falar menos de reciclagem e mais de *design* e *performance* dos produtos. Para outro especialista, a reciclagem não dá conta do crescimento esperado da economia. Com opiniões divergentes, um terceiro especialista argumentou que não basta reduzir o uso dos recursos, se eles não puderem ser reutilizados na ponta da cadeia. Ele citou como exemplo as embalagens flexíveis, que reduzem em 90% o plástico de sua constituição, mas não são recicladas devido à mistura de materiais (FOLHA DE S. PAULO, 2017a).

Apesar dos posicionamentos aparentemente divergentes, é fato que em um país como o Brasil as iniciativas inovadoras em reciclagem enfrentam problemas de infraestrutura e logística. Um exemplo são as fábricas de reciclagem de vidro que estão, em sua maioria, concentradas na costa brasileira. Torna-se necessário, então, descentralizar esse serviço, pois o valor do material não paga o custo de transporte até a fábrica.

Também é imperativo que haja a circulação de conhecimento. As empresas ficam na expectativa de alcançar fatias de mercado primeiro que os seus concorrentes, mas no caso da reciclagem deveria haver maior troca de experiência e informação.

Além da reciclagem e da reutilização, um mercado importante para o setor de automóveis (autopeças) e eletrodomésticos (eletroeletrônicos) é o desmanche. Nesse caso, ocorre o "desmanche" do produto original e não sua reutilização como um todo. Para Leite (2017), desmanche é um sistema de revalorização de um produto de pós-consumo que, após sua coleta, sofreu um processo industrial de desmontagem, no qual seus componentes em condições de uso ou de remanufatura são separados em partes ou materiais, para os quais não existem condições de revalorização, mas que ainda são passíveis de reciclagem industrial. Os primeiros são enviados, diretamente ou após a remanufatura, ao mercado de peças usadas, enquanto que os materiais que não possuem mais serventia são destinados a aterros sanitários controlados ou então são incinerados.

4.4 O estímulo financeiro na reciclagem de garrafas PET na Alemanha

Imagine que o "lixo" que as pessoas têm em casa pudesse valer descontos na próxima compra que elas tivessem no supermercado? Na Alemanha, essa ideia já é realidade há algum tempo e faz sucesso. É uma forma diferente de incentivar as pessoas a separar o lixo em casa.

O esquema do *Pfand* (depósito, em alemão) funciona como uma caução. Quando faz a compra, o consumidor paga um valor extra pela garrafa – entre 8 e 25 centavos de euro – e o resgata quando devolve o recipiente no supermercado. Essa quantia já está incluída no preço da mercadoria. A estratégia é adotada pela Alemanha há cerca de três décadas para incentivar a reciclagem, reduzir danos ao meio ambiente e forçar os produtores de bebidas a manter a cota de 70% de vasilhames reutilizáveis estabelecida pela lei de embalagens alemã. Depois que a pessoa deposita todas as garrafas, a máquina soma a quantia e gera um cupom que pode ser levado ao caixa para ser abatido no valor da compra. Mesmo sem comprar nada no supermercado, é possível apresentar o *ticket* e receber o valor em moedas (DW, 2017).

Existe uma relação muito forte dos alemães com a cerveja. Eles costumam acumular caixas com garrafas em casa e fazem filas para entregar garrafas de vidro e plástico na *Pfandautomat* (máquina de fazer o depósito das embalagens descartáveis). A máquina calcula o valor do recipiente e o devolve na forma de um *ticket*, que pode ser recebido em dinheiro no caixa ou descontado na compra.

Praticamente todos os supermercados são obrigados a ter *Pfandautomaten* ou receberem as garrafas dos consumidores. Cada máquina custa entre 7 e 15 mil euros. Boa parte do plástico PET é vendido para a China, que usa o material para confeccionar fibras têxteis, estofados domésticos, lonas plásticas e brinquedos. Os vasilhames de cerveja são os mais "baratos" – valem 8 centavos. Os que têm tampa com fechamento *flip top* custam 15 centavos, assim como garrafas de água e refrigerantes. Garrafas recicláveis que são utilizadas apenas uma vez e latinhas de alumínio valem 25 centavos. Elas são derretidas e o material é reutilizado na produção de novos vasilhames. Já o tradicional casco das garrafas de vidro vale cerca de 3 euros. Com algumas garrafas de vinho é possível recuperar entre 2 e 3 centavos. Mas em geral licores e bebidas destiladas, leite e suco de frutas não têm o *Pfand*. Além disso, a regra vale apenas para marcas nacionais (DW, 2017).

Para muitas pessoas na Alemanha o *Pfand* é uma forma de ganhar dinheiro extra ou até de sustento. É comum ver estudantes em mutirões para recolher garrafas nas ruas e, com o dinheiro obtido no supermercado, garantir a festa do fim de semana. Ou idosos em situação vulnerável vasculhando cestos de lixo em busca das garrafas retornáveis. Voluntários costumam doar as garrafas para quem precisa.

As garrafas classificadas como *Merhweg* (as que são reutilizáveis) representam 50% das embalagens de bebidas na Alemanha. Os recipientes passam por um processo de limpeza antes de serem novamente enchidos e voltarem aos supermercados. Segundo o Departamento Federal do Meio Ambiente alemão (UBA), garrafas retornáveis de vidro podem ser reutilizadas até 50 vezes e as de plástico, até 20 vezes. Apenas as tampas são recicladas. As garrafas *Mehrweg* são as que causam menos danos ao meio ambiente. Elas podem ser devolvidas em qualquer estabelecimento na Alemanha, mas o UBA recomenda que os consumidores comprem, de preferência, garrafas produzidas na região para reduzir o impacto ambiental do transporte dos vasilhames até o produtor original (DW, 2017).

Assim, na Alemanha não se deve deixar uma garrafa no lixo, pois ela vale dinheiro. Uma simples garrafinha de água, por exemplo, pode valer até 25 centavos de euro.

4.5 Ganho econômico com a reciclagem do lixo

O lixo é uma riqueza que literalmente é jogada fora. No processo de reciclagem do lixo em alguns casos pode-se obter um importante retorno econômico capaz de remunerar todas as atividades desenvolvidas no processo. Um exemplo é a reciclagem de latas de aerossol e *sprays*.

As latas de aerossóis são classificadas como resíduos potencialmente perigosos, pois contêm uma quantidade residual de gás propelente inflamável e, por isso, devem ter uma destinação correta e não serem despejadas nos lixões. O consumo de produtos em latas de aerossol subiu no Brasil. Hoje o país ocupa a terceira posição na América Latina com consumo de 1,8 latas de aerossol *per capita*, contra 10 da Argentina, líder do *ranking* na região. No entanto, menos de 1% desse tipo de embalagem é reciclado no Brasil, que não possui nenhum programa consolidado de logística reversa de embalagens de aço (O ECO, 2018).

O aço presente nessas latas é um material que pode ser 100% reciclado e voltar ao mercado sob diferentes formas, desde carros, geladeiras, eletrodomésticos a acessórios como tesouras ou maçanetas. O aço pode ser fundido à temperatura de 1.300° C e assim assumir novo formato sem perder nenhuma de suas características como dureza, resistência e versatilidade. E pode ser reciclado quantas vezes se quiser. Para 100 latas feitas com o metal, a reciclagem poupa o equivalente a uma lâmpada de 60 watts acesa por uma hora.

Uma das empresas do setor que resolveu apostar na logística reversa de seus produtos é a SC Johnson®, que é uma das líderes de mercado de produtos de limpeza, repelentes e mata insetos. Sua primeira experiência foi com a reciclagem de embalagens de aço de aerossóis da marca Glade®, usados como purificadores de ambiente. Para implementá-la, a SC Johnson® desenvolveu um método inédito de reciclagem de aerossóis em aço. Ele envolveu uma cadeia de dezenas de fornecedores, centenas de funcionários da empresa, mudança na composição de seus produtos e ainda mobilizou uma rede de catadores para dar conta do recado (O ECO, 2018).

A empresa norte-americana dividiu o plano em etapas. A fase inicial foi encontrar parceiros que trabalhassem com a logística reversa de latas de aço como a ProLab Ambiental®, pioneira de uma nova metodologia de reciclagem. O segundo momento foi repensar a cadeia produtiva do Glade®, que foi escolhido por ser fabricado em Manaus (O ECO, 2018).

Outro tipo de reciclagem que tem grande importância é a de componentes eletrônicos. O lixo eletrônico, também conhecido como e-lixo, é gerado pelas constantes mudanças tecnológicas de computadores, celulares e televisores. Cerca de 50 milhões de toneladas de resíduos eletrônicos são jogadas fora, todos os anos, pela população do mundo. No Brasil, algumas empresas encontraram na reciclagem de aparelhos descartados uma boa oportunidade de mercado.

A reciclagem do lixo eletrônico é uma oportunidade de mercado. Quando os aparelhos eletrônicos ficam obsoletos, há empresas que entram em cena, recolhem e tratam o lixo eletrônico. O negócio ganhou impulso com uma lei do governo federal de 2010, que obriga as empresas a cuidar do lixo eletrônico, para não contaminar o meio ambiente. A lei estabelece que o consumidor deve devolver os produtos usados nos mesmos lugares da compra. E as lojas que comercializam os produtos são obrigadas a levá-los ao centro de triagem mais próximo. A lei é a Política Nacional dos Resíduos Sólidos que institui diretrizes de como se destinar corretamente todo tipo de resíduos sólidos no Brasil, entre eles, o resíduo eletroeletrônico. Ela traz oportunidades para o negócio porque imputa sobre fabricantes, importadores e grandes empresas, ou todo tipo de empresa, a responsabilidade de destinar corretamente os seus resíduos eletroeletrônicos.

Em uma empresa de reciclagem da cidade de São Paulo, o lixo eletrônico é desmontado a mão, peça por peça. Depois, deve ser separado por categoria, ou seja, metais, plásticos, baterias. Eles são entregues para empresas especializadas em reciclagem ou descarte. Parte desse lixo vale dinheiro, como no caso das placas eletrônicas de computadores. Elas contêm 17 tipos de metais, como o cobre, o alumínio e o ouro. Em uma caixa, por exemplo, há mais de 30 gramas de ouro. Muitas vezes as placas eletrônicas são vendidas para empresas na Europa, que extraem os metais. As carcaças plásticas dos eletrônicos são vendidas para uma empresa nacional de reciclagem, e viram mais um negócio. São 230 toneladas por mês de resíduos plásticos (PEGN, 2018).

Já o plástico separado é moído e depois limpo de resíduos. Quanto mais puro, maior o valor. É uma caça às impurezas. Passa-se um imã pelo plástico triturado em busca aos corpos estranhos. O plástico segue para a próxima etapa, em um equipamento chamado extrusora, também conhecido como "máquina de fazer macarrão". Esta máquina faz muito barulho e derrete o plástico, soltando fios tipo espaguete, em temperatura de 300ºC. Depois, mergulha na água e corre por uma banheira comprida, onde o material esfria e endurece. A secagem ocorre em vassouras improvisadas e vai para o granulador, de onde sai o "macarrão", em forma de grãos. Depois é só embalar e vender. Depois do processo, o lixo de plástico vale R$ 4,00 o quilo e é muito disputado pelo mercado. O granulado é vendido para outra empresa onde, finalmente, o lixo plástico volta a ser produto. Ele é derretido e transformado em peças de comunicação visual: acabamento para banners e cabos de bandeira. Com a matéria-prima reciclada mais barata, os produtos custam até 50% menos que os feitos de material virgem (PEGN, 2018).

O mercado de produtos reciclados é crescente devido ao volume de lixo eletrônico que o Brasil gera por ano. Com a Política Nacional dos Resíduos Sólidos há necessidade de redução da quantidade de lixo e surgem as oportunidades de mercado, unindo informática e sustentabilidade.

Porém, as oportunidades também estão em pequenas empresas. É o caso de uma fábrica de peças sacras, na qual todos seus produtos passam por banhos químicos cheios de substâncias tóxicas. Todavia, depois de embelezar a peça, o empresário não tinha como descartar a sujeira. Pequenas indústrias não geram grande quantidade de poluentes e isso dificulta o processo de retirada. Percebendo as dificuldades que estas pequenas indústrias tinham para descartar seu lixo, um empresário do setor de reciclagem fez uma aposta interessante. Ele busca qualquer quantidade de lixo industrial, mesmo pequena, nos empreendimentos que contratam o serviço dele. Foi este espaço que o engenheiro químico industrial Flávio Bragante ocupou. Atuando no ramo de reciclagem há dezessete anos, ele sempre trabalhou em grandes empresas do setor, mas nunca deixou de observar as necessidades dos pequenos (G1, 2017).

"Sempre nos ligavam e nós não tínhamos como recolher esse material, pela questão de operação, e nós não tínhamos também quem indicar. Foi aí que surgiu a ideia de montar uma empresa para trabalhar com as pequenas empresas, com os pequenos geradores de resíduos." O engenheiro químico Flávio cuida de toda a cadeia de descarte: os documentos e guias de movimentação, as embalagens e todo transporte dos resíduos. O empresário cobra R$ 450,00 por tambor cheio de lixo. A segunda parte do processo é a reciclagem. Com esta cadeia girando, o Flávio faturou pouco mais de R$ 620.000,00 no ano passado (G1, 2017).

Seja para atendimento à legislação ou para ganhar dinheiro como oportunidade de negócio, a reciclagem é uma atividade empresarial como qualquer outra e requer planejamento de toda a sua cadeia. A julgar pelos resultados de diversos tipos de empreendimentos tem crescido e ganhado grande importância social e econômica.

EXERCÍCIOS

1) O texto menciona que "os produtos engarrafados são vendidos por alguns centavos a mais. O valor, no entanto, é devolvido ao consumidor em forma de desconto quando ele entrega os vasilhames para reciclagem". Qual a sua opinião sobre essa estratégia? Poderia ser estendida a outros tipos de produto?

2) Qual a importância de se ter um "benefício econômico" para estimular a devolução de embalagens usadas?

3) A instalação de máquinas do tipo *vending machines* (para vendas de produtos) ou as *Pfandautomaten* (máquinas para receber garrafas plásticas), mencionadas no capítulo, dependem, sobretudo, do aspecto cultural e da segurança. O aspecto cultural pela consciência e importância dada pelos cidadãos ao tema (no caso de descarte das garrafas) e a questão da segurança para se evitar a depredação das máquinas. Em sua opinião, a sua cidade ou o nosso país estão preparados para atender a esses dois aspectos? Em caso negativo, o que falta?

4) O consumidor em nosso país estaria preparado para um sistema de devolução de embalagens de forma gratuita? Ou seria necessário um estímulo econômico como o apresentado no ca-

pítulo? Discuta as duas formas e a questão dos custos no caso do estímulo econômico.

5) Você conhece outras iniciativas semelhantes de devolução de embalagens em nosso país ou em outros países? Elas têm sucesso?

6) Qual a sua opinião sobre a frase que consta no capítulo: "Se quisermos um crescimento da reciclagem, temos que falar menos dela e mais de *design* e *performance* dos produtos?" Você concorda com ela? Quais medidas podem ser tomadas a respeito?

7) Quais materiais você conhece que são economicamente viáveis para a reciclagem? E aqueles que não são viáveis economicamente? Que soluções existem para o problema?

8) Discuta sobre a importância do planejamento ambiental no início da produção (repensar o projeto dos produtos) e no final da produção (sistemas de logística reversa). Quais as barreiras e benefícios de ambos?

9) Qual a importância de ações como as apresentadas no caso de reciclagem de lixo de pequenas empresas? Qual a importância da destinação e aproveitamento do lixo para a sociedade?

10) O lixo é considerado uma riqueza que é desperdiçada pelo ser humano? Como interpretar essa afirmação?

11) Quais os principais impactos provocados pelo lixo e quais as melhores formas de reaproveitamento e destinação segura? E do lixo eletrônico?

5

Sustentabilidade e energia

5.1 Energia advinda de fontes renováveis

Pode-se chamar de fontes de energia renováveis aquelas em que a sua utilização é renovável, ou seja, pode ser aproveitada ao longo do tempo sem a possibilidade de esgotamento; em geral são encontradas na natureza em grande quantidade.

Os principais tipos de energias renováveis são (ALVES, 2017b):

a) Energia solar: utiliza painéis fotovoltaicos que transformam a luz solar em energia. Além de não poluir, tem como vantagem o fato de ser uma energia renovável e que os raios solares estarem disponíveis em abundância. Pode ser gerada por meio de painéis pequenos que podem ser instalados em telhados de casas e imóveis diversos. Como desvantagem, pode-se citar o alto custo dos equipamentos, o preço elevado da energia gerada quando comparada a dos combustíveis fósseis e, em alguns casos, a necessidade de grande área para instalação dos painéis. Adicionalmente, a tecnologia ainda é incipiente em relação à armazenagem da energia solar, o que faz com que a energia solar acabe sendo uma forma complementar de energia, que é utilizada em dias propícios para tal atividade.

b) Energia eólica: tem origem na força dos ventos que movimenta as pás dos cata-ventos que são ligados aos aerogeradores. É um dos tipos de energia mais limpa que existe, com energia gerada a preços competitivos. Uma vantagem é que a energia eólica não gera resíduos. O processo de fabricação dos equipamentos e a instalação de uma planta desse tipo não geram impactos ambientais negativos muito grandes e pode-se até mesmo executar outro tipo de atividade no mesmo terreno, por exemplo, a agricultura. Embora os ventos sejam um recurso abundante no planeta, há necessidade de escolha de um local amplo e com boa incidência de ventos. Sua instalação, no entanto, ainda é cara, geralmente necessita do uso de terrenos com características geográficas e de clima bem específicas, além do cuidado que se deve ter principalmente com o fluxo de aves no local.

c) Energia hidráulica: a geração desse tipo de energia tem origem na água que gira as turbinas das usinas hidrelétricas (ou hidroelétricas). Dentre suas vantagens estão a não poluição da água e baixa emissão de gases de efeito estufa. Por outro lado, a construção de uma usina hidrelétrica gera alto impacto ambiental negativo, alagando diversas regiões, muitas delas abrigando uma rica fauna e flora, além de fazer com que haja o deslocamento da população humana local.

d) Biomassa: utiliza matéria-prima de origem vegetal para produzir energia usando, por exemplo, bagaço de cana-de-açúcar, álcool, madeira, óleos vegetais, casca de arroz, palha de milho, dentre outros. Uma das vantagens do seu uso é que são sobras, ou seja, materiais que seriam descartados e que podem, assim, serem usados como fonte de energia. Dentre suas possíveis desvantagens está o fato de alguns deles só poderem ser utilizados em época de safra.

e) Etanol: é um dos biocombustíveis mais conhecidos, juntamente com o biodiesel. O etanol é produzido principalmente a partir da cana-de-açúcar, do eucalipto ou da beterraba. É utilizado como combustível de veículos ou para produzir energia elétrica e, além de ser uma fonte renovável, tem por vantagem o fato de ser menos poluidora que a gasolina. Embora polua menos que a utilização de combustíveis fósseis, o etanol ainda apresenta um alto impacto ambiental negativo nas grandes lavouras que o produzem, especialmente no caso da cana-de-açúcar, além de condições de trabalho, em algumas situações, em desacordo com a legislação vigente. Apesar de o etanol ser uma boa alternativa aos combustíveis fósseis e ter um valor comercial competitivo, é uma frágil opção energética considerando o longo prazo.

f) Biodiesel: no caso do biodiesel, sua configuração é parecida com a do etanol, pois utiliza matéria-prima vegetal para substituir o diesel feito a partir do petróleo. Assim como o etanol, o problema do biodiesel está na produção dessa matéria-prima que esgota o solo e muitas vezes é produzida com o uso de agrotóxicos, modificação de fontes de água, uso de grandes extensões de terra e condições inapropriadas de trabalho.

g) Biogás: é um tipo de energia obtida principalmente em aterros de lixo orgânico, sendo mais popular em determinados locais da Ásia. O biogás utiliza a matéria orgânica armazenada e sua putrefação para gerar energia renovável. Aterros e esgotos, ao decomporem a matéria que estão armazenando, geram gás metano que é captado pela tecnologia do biogás e utilizado para gerar mais energia.

h) Energia geotérmica: é obtida utilizando o calor existente no interior da Terra, muito popular na Islândia, por exemplo. Entre suas vantagens está a pouca produção de resíduos, ausência de ruídos externos, baixa emissão de gases de efeito estufa e a área utilizada ocupa pequeno espaço. Em contrapartida, como desvantagem está seu uso restrito a locais com potencial de geração de energia e o elevado custo dos equipamentos.

i) Energia maremotriz: é a energia obtida por meio do movimento das ondas do mar, a partir das alterações de nível das marés, por meio de barragens, que aproveitam a diferença de altura entre as marés alta e baixa; ou através de turbinas submersas, que aproveitam as correntes marítimas.

Nos últimos séculos, quase todas as coisas importantes que ocorreram no mundo estão diretamente relacionadas ao uso da energia. No entanto, a discussão a respeito da energia renovável é um tema recente que veio à tona com o esgotamento e poluição gerados pelas fontes tradicionais que constituem a maior parte da matriz energética dos países do globo.

A matriz energética pode ser entendida como o conjunto de fontes diversas disponíveis para ser ofertado em um país ou região; corresponde, então, a toda energia disponibilizada para ser transformada, distribuída e consumida nos processos produtivos e nas residências. Assim, um país ou região ao conhecer a sua matriz energética dispõe de uma informação técnica que lhe possibilita acompanhar a evolução da oferta interna de energia, a partir de suas políticas e estratégias.

Alguns países possuem sua matriz energética basicamente pautada em combustíveis fósseis ou nucleares. Outros países possuem diversidade de fontes de energias, tanto de fontes renováveis como de não renováveis. Por fim, há países que têm investido fortemente em energias advindas de fontes limpas, como o Uruguai, por exemplo, no qual mais de 90% da energia consumida vêm de fontes renováveis.

5.2 Energia renovável e sua inserção na sociedade

Quando se pensa em responsabilidade social e ambiental nas organizações, e em produtos verdes, logo vem à mente, por exemplo, painéis solares, alimentos orgânicos, carros elétricos e mais uma série de produtos que podem ser enquadrados como mais sustentáveis.

Em termos de sustentabilidade ambiental, não é apenas desejável que um produto seja feito com menos matéria-prima, mas que ele tenha potencial de ser facilmente reciclado ou que, em sua disposição final, haja o menor impacto ambiental negativo possível. Torna-se importante, também, sempre que possível, que a energia utilizada para a confecção desse produto seja oriunda de energias renováveis.

Caso haja maiores ofertas de energias renováveis haverá um salto na qualidade ambiental do planeta. Mas será que a energia renovável poderá competir de igual para igual com a energia advinda dos combustíveis fósseis? Ela se tornará competitiva algum dia?

Um estudo da organização inglesa *Carbon Tracker Initiative* mostrou que os custos de geração de energia renováveis já são, na média mundial, menores do que os de combustíveis fósseis e que usinas de energia limpa se tornarão mais competitivas até 2020. Um relatório intitulado "fim da ocupação do carvão e do gás?" faz uma comparação entre os custos de geração energética de quatro tipos de usinas recém-instaladas (carvão, gás, eólica e de energia solar) e foi baseada em uma análise a custo nivelado de eletricidade (LCOE na sigla em inglês) e em três cenários. Segundo o estudo, a combinação do menor custo do capital com as tecnologias mais baratas para a energia solar e eólica melhorou a posição competitiva relativa das energias renováveis, sendo uma das explicações do porquê elas já representem uma opção mais barata em diversos mercados (AKATU, 2017).

Ainda nessa mesma pesquisa, constatou-se que o rumo da economia com a aplicação das "contribuições determinados a nível nacional" (NDCs) – Intended Nationally Determined Contributions (INDCs) – pós-2020 vai levar as energias renováveis, em média, a preços mais competitivos, mesmo que os valores dos combustíveis fósseis caiam e os preços do carbono permaneçam modestos, em torno de US$ 10/tCO2 ou abaixo disso (CICLO VIVO, 2017a).

A transição da energia proveniente de combustíveis fósseis para a proveniente de energias renováveis, como a solar e eólica principalmente, terá um efeito benéfico na sociedade de consumo. Além da clara vantagem desses tipos de energia, a retirada de cena dos combustíveis fósseis ajudará na redução dos principais impactos ambientais negativos que assolam o planeta.

As iniciativas visando à transição do modelo antigo para o modelo novo de energia devem ser valorizadas pelos consumidores, que podem demandar do mercado soluções que tragam inovação e criatividades ecológicas, além de exigir políticas públicas que facilitem a viabilidade e inserção de produtos mais verdes no mercado, contribuindo para que eles sejam ofertados em larga escala, ajudando a diminuir os seus custos de produção.

Assim, torna-se necessário que o consumidor atue de forma exemplar na seleção e aquisição de produtos e serviços mais verdes, adotando uma prática de consumo sustentável. Essas práticas estão relacionadas a fatores como a eliminação de desperdício, o incentivo à reciclagem, a diminuição da poluição, o uso de produtos certificados, dentre outros.

Por meio da adoção dessas práticas, realizadas de forma global, será dado um grande passo para o desenvolvimento sustentável, contribuindo para se atingir um dos lemas adotados na área de Administração que diz: "pense globalmente, aja localmente".

5.3 Casas e construções sustentáveis

A construção civil tem buscado o emprego de melhores técnicas de construção, o que ajuda na redução de seu custo operacional. Em alguns empreendimentos sustentáveis há redução de 30 a 50% de água, 30% de energia elétrica e de 60 a 80% na geração de resíduos, quando se compara com empreendimentos convencionais. Essas ações são empregadas em países pioneiros como Inglaterra, França e Alemanha, e começam a ser utilizadas em grande escala também no Brasil, principalmente em cidades como Curitiba, São Paulo e Rio de Janeiro.

Para legitimar as boas práticas sustentáveis na construção civil, muitas vezes seguem-se os padrões de uma certificação. Na França existe um selo semelhante ao selo Procel, adotado no Brasil para eletrodomésticos. O selo francês leva em conta o isolamento térmico na hora da classificação, sendo "A" o mais econômico (e ecológico). Também é importante que haja utilização de fontes energéticas renováveis e que o sistema de aquecimento não aqueça sem necessidade.

Em Freiburg, na Alemanha, as casas são construídas buscando a manutenção do calor interno da residência. Para isso, cria-se um isolamento térmico em volta de toda a casa. Esses projetos consomem apenas 10% da energia gasta em casas convencionais, sendo, portanto, extremamente eficientes. As janelas, por exemplo, são maiores, o que permite boa entrada de luz e são feitas com três lâminas para evitar que o calor saia. A casa se mantém em temperatura agradável mesmo que faça muito calor no ambiente externo e custa cerca de 10% a mais que uma casa construída de forma convencional. Em poucos anos se recupera o investimento adicional realizado. Além disso, painéis solares em casas e apartamentos captam mais energia do que as residências consomem e o governo incentiva o uso, comprando a sobra e redistribuindo.

No Brasil, diversos empreendimentos têm sido construídos adotando os padrões do Selo Leed, que já é utilizado em 139 países. Os padrões da certificação Leed utilizam critérios locais e regionais, mas que devem ser aplicáveis à realidade local. Alguns aspectos importantes são a localização do empreendimento, a utilização dos recursos naturais, a preferência da luz natural para fins de iluminação e o aquecimento solar. Também contam pontos a existência de bicicletários e vagas para carros mais eficientes, bem como sistemas de inteligência para redução de energia e água utilizando-se, para isso, da tecnologia e da informática.

Os imóveis certificados no Brasil cada vez mais são procurados por investidores. Estima-se que um imóvel certificado e sustentável tenha uma valorização de 10 a 20% no preço final em relação ao imóvel convencional. A redução dos custos tanto de água como de energia é um bom argumento para vendas de imóveis sustentáveis. Esse argumento vai ao encontro de estudo de Chang et al. (2011), que destacou que o uso de estratégias verdes na construção normalmente aumenta o custo inicial de um edifício em comparação com práticas convencionais, mas esses maiores custos iniciais são em parte compensados pela energia e água economizados durante a vida útil do edifício.

A certificação em imóveis também atinge empreendimentos de baixa renda. O selo Casa Azul da Caixa Econômica Federal, por exemplo, tem uma lista de 19 recomendações obrigatórias que devem ser cumpridas pelos empreendimentos que desejam obter essa certificação. Atendendo a essas 19 recomendações o empreendimento está apto a receber o selo na modalidade "bronze". Para conseguir a modalidade "prata" são mais seis requisitos adicionais e, para atingir a modalidade "ouro", no mínimo mais doze critérios necessitam ser cumpridos.

Ao contrário de outros selos, no selo Casa Azul não se busca apenas a eficiência energética, mas também outros aspectos como melhoria da saúde dos moradores, estabelecimento de creches, atividades e ações que proporcionem conforto ao morador, criação de áreas verdes, preocupação com o solo permeável para a água da chuva, coleta seletiva de resíduos, playground feito com piso feito de borracha de pneus, dentre outros. Em um bairro de baixa renda na cidade de São Paulo, que obteve essa certificação, estima-se que cada apartamento construído teve um acréscimo de 1% no custo final, não chegando a mil reais em valores absolutos.

A busca por construções mais sustentáveis veio estabelecer uma nova diretriz para o setor. Como em diversas outras situações, modificações relacionadas à responsabilidade socioambiental iniciam-se, primeiramente, em grandes cidades e capitais e, aos poucos, vão sendo introduzidas em cidades menores.

Algumas iniciativas propõem que uma casa gere a sua própria energia, reaproveite toda água e também produza seus alimentos. É o caso de um projeto de casa sustentável elaborado por estudantes da Universidade de Munique, na Alemanha, em parceria com estudantes da Universidade do Texas, EUA. A *NexusHaus* é uma casa sustentável que vai além do uso de sistemas eficientes, mas que também questiona os custos das moradias das grandes cidades, mostrando que é possível construir de forma sustentável com valores acessíveis.

O protótipo, desenvolvido para um concurso internacional, foi feito com materiais sustentáveis e sistemas eficientes para a produção de energia e uso da água. A casa é coberta com painéis solares, que garantem toda a energia necessária para o seu funcionamento, o que inclui iluminação, eletrodomésticos, eletrônicos, ar-condicionado e o abastecimento de um carro elétrico. Para reduzir o consumo de eletricidade, os estudantes acrescentaram um sistema de aquecimento solar de água e uma bomba de armazenamento. Aliás, o projeto leva a água extremamente a sério, com soluções que evitam todos os tipos de desperdício (CICLO VIVO, 2017b).

Uma cisterna capta a água da chuva, que passa por um sistema de filtragem, tornando-a potável, enquanto a "água cinza" também passa por um tratamento e é usada em máquina de lavar, pia, chuveiro, irrigação e abastecimento do sistema aquapônico para a produção de alimentos. A aquaponia é um sistema que associa o cultivo de plantas à criação de peixes. Este modelo é tão eficiente que pode economizar até 90% de água em relação ao plantio tradicional. Por ser totalmente fechado, ele ainda evita o descarte de efluentes no meio ambiente. Além de ser eficiente em água, energia e produção de alimentos, a *NexusHaus* ainda foi planejada com um *design* inteligente e que valoriza a qualidade de vida dos moradores. Os espaços foram planejados para garantirem conforto independente da época do ano. Um exemplo é a área central da residência, que pode ser fechada ou aberta, de acordo com o clima externo. A casa ainda conta com uma cozinha com sala de jantar, sala de estar, um quarto, um banheiro e um escritório (CICLO VIVO, 2017b).

É importante que o consumidor tenha novas opções no mercado e que estejam alinhadas com a sustentabilidade ambiental. Isso vale para o caso das construções, mas também de diversos produtos e serviços, mudando assim o paradigma vigente no mercado consumidor.

5.4 Telhas que substituem painéis solares

A sustentabilidade ambiental envolve criatividade e inovação na concepção de novos tipos de produtos. Uma das soluções mais interessantes e criativas são as telhas que funcionam como painéis solares.

Unir sustentabilidade e beleza é um dos desafios do mercado de arquitetura. Por isso, com o objetivo de solucionar os "problemas estéticos" envolvendo as placas solares convencionais, as empresas italianas *Area Industrie Ceramiche* e *REM* aprimoraram a tecnologia e desenvolveram a *Tegola Solare*, uma telha cerâmica fotovoltaica, que se integra à estrutura da casa ou edifício (PENSAMENTO VERDE, 2018a).

A alternativa é voltada para os consumidores que não querem prejudicar a estética dos telhados de suas casas. Pelo fato de os painéis tradicionais serem grandes e pesados, eles eram alvo de reclamações de parte do público, que rejeitava os modelos alegando que não queria danificar a estética dos telhados, fator que impedia a disseminação da energia solar. Feitas de cerâmica, as telhas possuem quatro células fotovoltaicas embutidas e a fiação segue embaixo do telhado para o conversor.

Além de ser capaz de substituir os painéis para captação de luz do sol, a *Tegola Solare* pode gerar cerca de 3kw de energia em uma área instalada de 40m², ou seja, um telhado completo ou parcialmente coberto já poderia suprir as necessidades energéticas de uma casa facilmente. Entretanto, essas telhas ainda são mais caras do que as placas convencionais. A *Tegola Solare* já faz sucesso fora do Brasil, principalmente na cidade italiana de Veneza, local onde a maioria dessas peças já foram instaladas. A Itália é um país que possui muitas casas antigas e os centros históricos têm muitas regras de preservação, logo, em algumas cidades, a colocação de painéis solares é muitas vezes proibida por lei (PENSAMENTO VERDE, 2018a).

No caso das telhas fotovoltaicas a instalação é feita normalmente, como a de qualquer outro telhado, e a área que captará a luz solar depende da necessidade do imóvel. Por isso, os fabricantes também disponibilizam o mesmo modelo em telhas comuns. Se houver a necessidade de substituição de alguma dessas peças, o processo também é simples, devido ao aspecto modular do telhado.

Como o mercado da arquitetura sustentável cresce cada vez mais, outras empresas pelo mundo já vinham desenvolvendo tipos de telhas solares, inclusive a própria Area Industrie Ceramiche já havia feito um modelo onde pequenos painéis fotovoltaicos eram acoplados no lado liso das peças cerâmicas. A empresa americana SRS Energy também produz uma placa em formato de telha de barro na cor azul escuro, porém, ela só é compatível com as telhas de cerâmica fabricadas por outra empresa parceira (PENSAMENTO VERDE, 2018a).

5.5 Geração de valor sustentável por meio da energia renovável

Imagine um mundo futurista silencioso e limpo, no qual não existem mais motores queimando combustível, 100% movido pela energia do vento, do Sol e da água. Esse mundo seria técnica e economicamente viável já em 2050, dizem alguns pesquisadores norte-americanos, com a criação de 24 milhões de empregos, gastando menos energia do que a que se consome atualmente e evitando milhões de mortes causadas pela poluição.

As contas que demonstram essa possibilidade, feitas por uma equipe da Universidade Stanford e da Universidade da Califórnia em Berkeley, foram publicadas na revista científica "Joule". Colocando os números no papel, os pesquisadores das equipes estimaram ainda que essa transição radical a favor das energias limpas seria capaz de evitar que a temperatura global suba mais do que 1,5°C ao longo deste século, uma barreira a partir da qual as mudanças climáticas se tornam consideravelmente mais perigosas (FOLHA DE S. PAULO, 2017b).

As usinas de energia eólica em terra firme (com quase um quarto da geração de energia elétrica do planeta projetada para 2050) e as usinas solares (com 21% da geração) seriam os principais pilares dessa mudança gigantesca, estimam os pesquisadores. Cobrir casas e instalações governamentais com painéis solares também ajudaria um bocado. No modelo proposto, 4%

da energia do planeja viriam de hidrelétricas, enquanto as opções mais futuristas (turbinas que aproveitam as marés, energia de ondas e usinas geotérmicas), somadas, não chegariam a 1% da matriz energética mundial. Se colocado em prática, o plano geraria 24 milhões de empregos líquidos mundo afora, já descontados os petroleiros e mineiros de carvão desempregados no processo ao longo das décadas. E o gasto global de energia ainda acabaria ficando um pouco inferior ao atual graças à eficiência superior de um sistema totalmente elétrico, que não envolve queima de combustíveis, e ao fato de que não seria mais necessário gastar energia para extrair petróleo e carvão do solo e processar esses insumos (FOLHA DE S. PAULO, 2017b).

Um outro estudo destaca que 100% da energia renovável do mundo são mais rentáveis do que os atuais sistemas. Uma transição global para a eletricidade 100% renovável não é uma visão de longo prazo, mas já uma realidade tangível, de acordo com um novo estudo da Universidade de Tecnologia Lappeenranta (LUT) e do Grupo Energy Watch (EWG).

Os resultados do estudo são reveladores: um sistema elétrico global totalmente baseado em energia renovável é viável a cada hora ao longo do ano e é mais rentável do que o sistema existente, que é amplamente baseado em combustíveis fósseis e energia nuclear. O potencial e as tecnologias de energias renováveis existentes, incluindo o armazenamento, podem gerar energia suficiente e segura para cobrir toda a demanda global de eletricidade até 2050. O custo total nivelado de eletricidade *(Levelised Cost Of Electricity – LCOE)* em uma média global de energia 100% renovável em 2050 é de € 52/MWh (incluindo redução, armazenamento e alguns custos de grade) em comparação com € 70/MWh em 2015 (CICLO VIVO, 2017c).

"Uma descarbonização total do sistema elétrico até 2050 é possível a um custo o menor do sistema do que hoje com base na tecnologia disponível. A transição energética não é mais uma questão de viabilidade técnica ou econômica, mas de vontade política", afirmou Christian Breyer, principal autor do estudo, professor de Economia Solar na LUT e Presidente do Conselho Científico do EWG. "Não há motivo para investir mais um dólar na produção de energia fóssil ou nuclear", disse o presidente do EWG, Hans-Josef Fell. "A energia renovável permite a oferta de energia a um custo eficiente. Todos os planos para uma nova expansão do carvão, nuclear, gás e petróleo devem ser interrompidos. Mais investimentos precisam ser canalizados em energias renováveis e na infraestrutura necessária para armazenamento e grades. Todo o resto levará a custos desnecessários e ao aumento do aquecimento global" (CICLO VIVO, 2017c).

Estudos e iniciativas do tipo não existem apenas no exterior, mas também no Brasil. Representando a maior ação já realizada para popularizar o uso da energia solar no Brasil, o programa Bônus Eficiente Linha Fotovoltaica – parceria da Celesc e Engie que subsidiou em 60% a aquisição de 1.000 sistemas fotovoltaicos por residências catarinenses atraiu mais de 11 mil interessados, e fez com que o projeto ganhasse uma ampliação de 25%, beneficiando outros 250 consumidores.

Os novos 250 sistemas fotovoltaicos serão disponibilizados para os consumidores que estão na lista de espera desde o início do programa. A distribuição geográfica dos clientes contemplados respeitará as regras da primeira fase, com o Estado sendo dividido em seis regiões e o número de sistemas em cada uma delas seguindo a proporção populacional. O Bônus Eficiente Linha Fotovoltaica utilizou R$ 13,9 milhões provenientes do

Programa de Eficiência Energética Aneel/Celesc para subsidiar a compra de sistemas de energia solar residenciais. Ao aderir à iniciativa, os consumidores adquiriram equipamentos fotovoltaicos de 2,6kWp, pagando R$ 6.682,33, 40% do custo total praticado no mercado (CICLO VIVO, 2017d).

Os beneficiados, além da satisfação de passarem a gerar sua própria energia limpa e renovável, terão uma economia na conta de energia elétrica que pode chegar a R$ 2 mil por ano. Com isso, o investimento individual no sistema pode ser recuperado em pouco mais de três anos.

EXERCÍCIOS

1) Qual a sua opinião sobre o uso de energias renováveis? Acredita que ela pode ser protagonista no futuro e deixar para trás a energia advinda de combustíveis fósseis?

2) A sua cidade, região ou o nosso país adotam energias renováveis? Se sim, quais os tipos de energia renováveis utilizadas?

3) Cite possíveis prós e contras do uso da energia renovável, considerando a tecnologia atual.

4) Qual o papel das empresas e dos governos para alavancar o uso das energias renováveis?

5) Quais os possíveis interesses na continuidade do uso de energias advindas de combustíveis fósseis, principalmente em países como o Brasil? Por que ainda se investe tanto nesse tipo de energia em detrimento das energias renováveis?

6) Uma possível diminuição do uso mundial do petróleo afetará econômica e politicamente países afetados em sua disputa, como no caso dos países do Oriente Médio? Quais os prováveis impactos políticos e econômicos da substituição do petróleo por energias renováveis, especialmente nesses países? Como ficam

as guerras e disputas que ocorrem atualmente? Você considera um impacto positivo ou negativo?

7) Você já imaginou produzir sua própria energia em casa por meio de painéis solares ou "cataventos" de energia eólica? Quais as mudanças que esta possibilidade provocará no sistema de distribuição de energia dos países? Você considera um impacto positivo ou negativo?

8) É importante que os produtos ambientalmente responsáveis unam a questão ambiental (como no caso da energia limpa advinda do Sol) com a questão econômica (no caso, a redução na conta de energia elétrica). Que outros exemplos semelhantes você conhece?

9) Qual a importância da união de aspectos econômicos e ecológicos para a disseminação dos produtos verdes?

10) Por que ainda se investe pouco em energia solar e eólica em alguns países e regiões? Como diminuir certos custos como o de um painel solar, por exemplo?

11) O que você acha das telhas que funcionam como painel solar e que foram apresentadas no capítulo? Unir a funcionalidade de um produto verde com a estética do produto, sem comprometer a eficácia, é uma boa solução?

12) Você conhece outros tipos de produtos verdes que foram modificados para não "agredir visualmente" um determinado local? Se sim, dê exemplos? Se não, quais possibilidades você visualiza?

13) Hoje em dia se discute muito sobre a chamada "casa sustentável", ou seja, aquela que produz sua própria energia (seja solar ou eólica, p. ex.), que otimiza o uso da água e da energia, que tem processos de reciclagem etc. Você conhece ou já viu reportagens sobre esses tipos de casa?

14) Você acredita que a migração das energias advindas de fontes limpas ocorrerá da forma apresentada no texto, no horizonte de tempo mencionado? Discuta a situação.

15) Qual a sua preocupação em relação às mudanças climáticas? Você conhece ou já vivenciou alguma situação relacionada a ela?

16) Como ficarão os países que têm a economia fortemente alicerçada na venda de combustíveis fósseis como o petróleo, como é o caso de países do Oriente Médio? Esses países deveriam utilizar os recursos financeiros do presente para alavancar sua economia do futuro, em um mundo no qual o petróleo não tivesse a mesma importância econômica? Qual a sua opinião a respeito?

17) Você acredita que casas sustentáveis serão mais comuns no futuro? Ou são apenas exemplos isolados?

18) Quais os principais benefícios de se ter uma casa autossustentável? Você já viu alguma do tipo ou tem interesse em adotar algo parecido em sua casa?

19) Uma casa desse tipo exige investimento. Para você o custo compensaria um investimento dessa natureza? Como poderia se tornar mais acessível às pessoas?

20) Você possui em sua casa painéis solares ou conhece alguma pessoa ou instituição que possui placas visando a geração de energia solar? Quais as vantagens e possíveis desvantagens de seu uso em residências e prédios?

21) Considerando os tipos de energias renováveis como solar, eólica, hidráulica, maremotriz, geotérmica, biogás, etanol, biodieses etc., quais as vantagens e desvantagens que cada uma tem? Pense os diversos tipos de energia em termos de preço, facilidade de instalação, de obtenção de energia etc.

22) Liste algumas das vantagens e desvantagens da energia renovável em relação à energia proveniente dos combustíveis fósseis. Como a energia renovável pode ser mais estimulada em nosso país?

23) Como deve ser o papel do poder público em relação ao uso das energias renováveis, incluindo a energia solar usada em residências?

24) Em alguns países, como a Alemanha, a concessionária de energia paga ao morador a energia excedente, que é vendida para ela. Em alguns países como o Brasil, a lei não menciona essa possibilidade, sendo que a vantagem do morador é obter "créditos" para serem usados posteriormente. Qual a sua opinião a respeito?

6

Sustentabilidade e transporte

6.1 Meios de transporte tradicionais

Em um passado remoto da humanidade, basicamente a locomoção se dava por meio do uso da própria força humana, seja por meio da caminhada e corrida, como no caso dos mensageiros na época romana, por exemplo; ou, então, por meio de animais como no caso do cavalo, burro, elefante, camelo, dromedário, sendo montados ou por veículos tracionados pelos animais como carroças, charretes, carruagens, entre outros.

Durante muito tempo, na escalada da humanidade, essas foram as formas de locomoção do ser humano e que, logicamente, tinham mínimo impacto ambiental negativo sobre o planeta. Posteriormente, dois importantes meios de transportes auxiliaram o deslocamento do ser humano, que foram os navios e os trens.

Os navios contribuíram para que povos de um continente viajassem por semanas e meses até chegarem a outros continentes, iniciando a "descoberta" de novas terras, como no caso do povo europeu que chegou até a América e fundou cidades nos Estados Unidos, na América Central e no Brasil, além de outras localidades.

A Revolução Industrial, ocorrida a partir do final do século XVIII com a expansão das atividades fabris, desenvolvimento da máquina a vapor e maior fixação do homem nas cidades, ganhou impulso com o desenvolvimento dos trens. O trem é considerado o elemento mais importante da Revolução Industrial, pois permitiu o deslocamento das matérias-primas para as fábricas de forma rápida e eficaz; levava os produtos acabados a pessoas em regiões próximas ou distantes e em diferentes países.

Os trens também tiveram destacada participação nas duas guerras mundiais, servindo de meio de transporte de pessoas e armas; também auxiliaram os colonos ingleses em sua tarefa de desbravar o oeste norte-americano e a ajudar a construir a identidade nacional dos Estados Unidos.

Ao redor das estações ferroviárias surgiram vilas e cidades, em alguns casos, em pleno deserto; além disso, a construção das linhas ferroviárias empregou milhares de pessoas, muitas delas de regiões e países diferentes, contribuindo assim para aproximar diferentes povos e culturas e fixando as pessoas em regiões remotas. Graças aos trens, regiões foram povoadas e, aos poucos, as cidades foram se estruturando com diversas atividades.

Com o passar do tempo e avanço da tecnologia, sugiram os bondes que ajudaram a destacar na história uma fase conhecida em muitos lugares como *Belle Époque* (fim do século XIX e início do século XX) caracterizada pela cultura urbana de divertimento incentivada pelo desenvolvimento dos meios de comunicação e transporte e que ajudaram a aproximar as principais cidades, por meio dos intelectuais da época.

Se os navios e os trens ajudavam as pessoas a se locomoveram para regiões longínquas, para países distantes e até para outros continentes, o grande salto no deslocamento global surgiu com o advento do avião. Concebido inicialmente como uma máquina mais pesada que o ar, mas que era capaz de voar como os pássaros, o avião ajudou a encurtar as distâncias, aproximar as pessoas e culturas, e a desenvolver o comércio mundial e a globalização.

Todos os meios de transporte listados, em maior ou menor grau, geram impacto ambiental negativo. Cabe aos governos criarem legislações apropriadas para que as empresas desse setor ajudem a minimizar esse impacto. Algumas delas, atentas a essas novas exigências ambientais, como a companhia aérea alemã Lufthansa (2017), por exemplo, criaram projetos para compensar a emissão de gás carbônico em seus voos.

Em países da Europa, Estados Unidos ou Ásia a locomoção por meio de trens, sejam comuns ou de alta velocidade, já é um hábito cultural e um meio de locomoção algumas vezes preferível a voar de avião, mais sujeito a atrasos, cancelamentos e a imprevistos relacionados à instabilidade do clima.

Outros países, como os da América do Sul, por exemplo, ainda estão bem alinhados com o transporte individual, notadamente o automóvel, pois eles dominam as vias públicas e provocam engarrafamentos.

6.2 Meios de transporte e mobilidade

Pensando no espaço disponível nas vias públicas, tais como ruas e avenidas, gestores públicos das cidades criaram faixas exclusivas para determinados veículos. Assim, surgiu o BRT, sigla em inglês de *Bus Rapid Transit*, um tipo de transporte público baseado no uso do ônibus. Sua característica principal é operar por uma faixa de rodagem exclusiva, conhecida como "corredor de ônibus", para evitar o congestionamento do tráfego.

Geralmente o BRT tem alinhamento no centro da via, estações com cobrança de tarifa fora do veículo, estações com o nível do piso do ônibus para reduzir o atraso do embarque e desembarque causado por escadas, e prioridade de ônibus nos cruzamentos. Todas essas medidas evitam a perda de tempo na viagem, agilizando os deslocamentos das pessoas. A cidade brasileira de Curitiba, capital do Paraná, foi a pioneira no mundo no uso do BRT, integrando-o em sua Rede Integrada de Transporte (RIT) em 1974, e contando com estações do tipo "tubo" e ônibus biarticulados (ALVES, 2017b).

Uma das vantagens do BRT, às vezes conhecido como "metrô de superfície", é combinar a *capacidade* e *velocidade* do metrô com a *flexibilidade*, *baixo custo* e *simplicidade* de um sistema de linha de ônibus.

Mas algumas cidades optam em ter os dois, ou seja, o BRT e o metrô. A implementação de um sistema de metrô é um investimento que requer estudos complexos de viabilidade tanto financeira como técnica. A maior extensão de metrô no mundo está localizada na cidade norte-americana de Nova York.

Segundo Globo.com (2017), o metrô nova-iorquino possui 21 linhas e 472 estações, o maior número entre todas as cidades do mundo. São mais de 1.000km de trilhos por onde viajam 5,7 milhões de pessoas por dia e com uma rede de internet grátis disponível aos usuários. O metrô ainda conta com um projeto para expansão de 16 novas estações. Para efeitos de comparação, o metrô de São Paulo possui seis linhas, 68 estações, uma extensão de 78,3km e é usado por 4,5 milhões passageiros por dia. Já o do Rio de Janeiro conta com três linhas, 41 estações, 58km de extensão e 850 mil pessoas usando o sistema diariamente.

Outro meio de transporte presente em diversas cidades do mundo é o VLT (Veículo Leve sobre Trilhos), conhecido como *tranvía*, em espanhol e *tramway* em inglês. O VLT é uma espécie de trem urbano e suburbano de passageiros, semelhante aos antigos bondes, cujo equipamento e infraestrutura é tipicamente mais "leve" do que a usada normalmente em sistemas metropolitanos ou ferroviários.

Mesmo os meios de transporte apresentados anteriormente geram impactos ambientais negativos. No entanto, no caso de meios de transportes coletivos há melhor aproveitamento da energia utilizada no veículo em comparação com o número de usuários.

Oferecer meios de transportes coletivos que possuem qualidade, sejam confortáveis e eficientes energeticamente é uma tendência em mobilidade urbana em todo o mundo. De acordo com Bazani (2017), as necessidades para que os espaços urbanos sejam locais de convivência, com privilégio às pessoas e não aos carros são reforçadas pelas estimativas das Organizações das Nações Unidas (ONU). Segundo a organização, a população urbana aumentará 85% até 2050, chegando a 6,3 bilhões de pessoas, sendo que mais de dois terços da humanidade viverá em cidades. O mundo será essencialmente urbano. Isso significa que os espaços nas cidades serão cada vez mais disputados e, por isso, eles devem ser melhor aproveitados. Ainda segundo Bazani (2017), uma pessoa em um carro ocupa cerca de $10m^2$ da via pública. Com conforto, o passageiro de um ônibus, sentado, ocupa $0,75m^2$.

6.3 Estações de recargas para carros elétricos

Embora o automóvel seja considerado por alguns o "vilão" dessa história, na prática, em termos ambientais, têm ocorrido alguns progressos em sua concepção. Alguns carros são constituídos por partes oriundas de material reciclado e algumas montadoras trabalham com afinco para produzirem carros mais ecológicos, gastando menos combustível, ou então utilizando energias renováveis. Alguns desses carros são elétricos e cria-se uma rede com pontos de abastecimento para eles, como ocorre, por exemplo, em Paris (França), Siena (Itália), entre outros.

Diversas montadoras de automóveis irão financiar postos de carregamento para carros elétricos, estimuladas pelo sucesso da Tesla, que recebeu pré-encomendas para o seu carro Model 3. As rivais alemãs Porsche, Audi, Mercedes-Benz e BMW, e a divisão europeia da Ford formaram uma *joint venture* para desenvolver mais 400 estações de carregamento em toda a Europa, em um primeiro momento; posteriormente, o planejamento é avançar para milhares de pontos de abastecimento. Essa rede será capaz de abastecer veículos de vários fabricantes (AUTO ESPORTE, 2017).

Um total de 20 estações serão inauguradas nas principais estradas da Alemanha, Noruega e Áustria, em intervalos de 120km, por meio de parcerias com as redes de serviços Tank & Rast, Circle K e OMV. Em 2018, a rede será ampliada para mais de 100 estações, que permitirão a recarga simultânea de vários clientes e diferentes marcas de veículos. Com capacidade de até 350kW por ponto, a rede vai usar o padrão europeu de carregamento chamado Combined Charging System, reduzindo significativamente o tempo de recarga comparado aos sistemas atuais. Seu conceito multimarca e distribuição em toda a Europa devem ajudar a popularizar os veículos elétricos.

Os sócios fundadores têm partes iguais na *joint-venture* e outros fabricantes de automóveis são convidados para a expansão da rede (CICLO VIVO, 2017e).

A escolha dos melhores locais para instalação das estações levou em conta o potencial de integração com as tecnologias de carga e iniciativas já existentes, incluindo as das empresas participantes e de instituições públicas. Esse investimento reforça o compromisso dos fabricantes participantes com os veículos elétricos, apoiado na cooperação internacional de toda a indústria.

Uma outra iniciativa a respeito ocorre na Alemanha. O país está desenvolvendo a maior estação de recarga de veículos elétricos em todo o mundo. Sob a direção da empresa alemã Sortimo, será construído uma estação com 144 entradas de carregamento em uma grande rodovia no país. Destas, 24 entradas seriam superpotentes, com capacidade de carga de 350kW, superando a tecnologia da Tesla com capacidade de cerca de 150kW. Batizada de *Innovationspark Zusmarshausen*, a estação poderá usar ainda energia solar e gestão térmica. E o projeto mostra que ela pode ser totalmente coberta por telhado verde (CICLO VIVO, 2017f).

Há planos de se oferecer diversos serviços para os condutores como instalar no local, escritórios, lojas e restaurantes. Ainda haverá a possibilidade de permitir que os motoristas peçam comida durante o trajeto até o local para ter a comodidade de já chegar e estar tudo pronto, podendo fazer a refeição enquanto o veículo carrega.

Estima-se que 4 mil automóveis poderão ser abastecidos diariamente. Com apoio do Ministério dos Transportes, espera-se que a gigante estação seja construída em breve. E não é para menos, uma vez que um alto funcionário do governo alemão afirmou que o país deve tornar obrigatório que todos os novos carros sejam livres de emissões de dióxido de carbono até 2030 (CICLO VIVO, 2017f).

O fim do uso de combustíveis fósseis em veículos coletivos e individuais em países da Europa não tem volta. A cada mês surgem comunicados governamentais anunciando metas para este fim, mostrando que será uma realidade em breve. A necessidade de se ofertar diferentes opções de transportes sustentáveis para a população das cidades será pauta certa na agenda de compromissos de prefeitos e governadores.

EXERCÍCIOS

1) Qual a sua opinião sobre a substituição dos veículos movidos a combustíveis fósseis (como a gasolina e o diesel) pelos veículos elétricos? Quais os maiores desafios para essa substituição e quais as vantagens?

2) A cidade em que você mora ou o nosso país possuem carros elétricos circulando nas ruas? Em caso afirmativo ou não, quais os benefícios para a qualidade do ar das cidades com o advento dos carros elétricos?

3) Diversas montadoras europeias têm investido na criação de recargas para carros elétricos. Provavelmente esses pontos de recarga substituirão os postos de gasolina. Qual o impacto que esses locais terão sobre o fornecimento de energia elétrica? Serão necessárias fontes extras como a energia solar e eólica?

4) A união de grandes montadoras de automóveis mencionada no capítulo pode sinalizar que elas enxergam esse tipo de veículo como o sucessor natural de veículos que rodam à base de combustíveis fósseis, como o petróleo e o diesel? Elas já estariam se adiantando nesse processo?

5) O que pensar da frase "outros fabricantes de automóveis são convidados para a expansão da rede"? É mais um argumento para a universalização do veículo elétrico na Europa?

6) A estratégia das montadoras ao disseminar os pontos de recarga para veículos elétricos se restringirá à Europa? Qual sua opinião sobre o assunto? É uma tendência que ocorre em outros continentes?

7

Sustentabilidade e mobilidade

7.1 Mobilidade urbana como tema atual

Um dos assuntos mais discutidos em relação ao consumo consciente é a mobilidade urbana. Ter opções sustentáveis para deslocamento é um dos fatores primordiais para que as pessoas tenham uma boa qualidade de vida e que os impactos ambientais negativos sejam menores.

No entanto, assim como as discussões sobre consumo consciente são recentes, também os estudos e estratégias sobre mobilidade urbana ainda constituem temas novos e que demandam testes de viabilidade e bom-senso de governantes e cidadãos; além disso, em alguma medida, pode ser necessária uma certa dose de ousadia ao se quebrar paradigmas na maior parte das cidades, visto que não foram preparadas para uma época moderna composta de milhares de veículos, sejam particulares ou coletivos, e uma população humana que tende a crescer a cada ano.

O espaço público reduzido nas vias das cidades, e agora ocupado por muito mais pessoas e veículos em comparação com a época do seu surgimento, faz com que a conta dessa equação "não feche", demandando do ser humano muita criatividade na solução dos problemas relativos à mobilidade urbana. Adiciona-se a essa questão os direitos advindos da acessibilidade que deve ser permitida a todos, incluindo-se aí as pessoas com mobilidade reduzida.

Alguns países oferecem um leque considerado de opções de transportes coletivos (alguns deles sustentáveis, outros não), enquanto que outros privilegiam os transportes individuais, muitos deles atrelados ao uso maciço de combustíveis fósseis. Para que ocorra essa transição é necessário investimento em novas tecnologias, mudança cultural, visão estratégica e sobretudo empenho e vontade.

Muitas vezes os governantes e empresários não saem da inércia e preferem continuar adotando os mesmos processos e atitudes. Alguns acreditam que o que é novidade em outros países não necessariamente serve para o país deles.

7.2 Mobilidade urbana e poluição

Em algumas cidades, principalmente em países em desenvolvimento, os carros dominam as vias públicas e acarretam congestionamentos que faz com que as pessoas fiquem horas presas ao trânsito, além de grande poluição gerada pela fumaça que sai dos escapamentos de carros e caminhões que circulam nas ruas e avenidas.

A poluição, além dos evidentes prejuízos ao meio ambiente, também provoca inúmeras doenças respiratórias na população. Segundo *HypeScience* (2017), cientistas belgas concluíram, em uma pesquisa, que a poluição resultante da queima de combustíveis, saída dos escapamentos dos carros é responsável por 7,4% de todos os casos de parada cardíaca estudados. Além disso, a fumaça de escapamento de automóveis, inalada pelas pessoas no trânsito, pode levá-las a ter um ataque cardíaco. Os pesquisadores cruzaram informações de 36 diferentes estudos e descobriram que, por causa do trânsito, mais ataques do coração são causados pela poluição do que por outras causas como esforço físico, álcool, raiva, comer em excesso, sexo e cocaína.

Parte dos problemas estão relacionados ao maior estímulo ao transporte individual em detrimento ao coletivo, principalmente nos países em desenvolvimento. Sobre essa questão, Barczak e Duarte (2012), afirmaram que os padrões atuais de mobilidade urbana são caracterizados por uma crescente motorização individual, acarretando custos sociais, econômicos e ambientais. No entanto, ações que priorizam a redução de emissões de gases de efeito estufa (GEE) na mobilidade urbana não têm feito parte da política efetiva da maioria dos países, mesmo que estejam presentes na maioria dos discursos políticos dos países desenvolvidos.

Para Litman (2017), a maior parte das estratégias de mitigação das emissões relacionadas à mobilidade urbana estão relacionadas a medidas tecnológicas por meio do aumento de investimentos de empresas automotivas multinacionais no desenvolvimento de motoros mais eficientes que utilizam energia "limpa". Assim, segundo o autor, resolve-se uma "parte do problema", mantendo o mercado crescente da motorização individual, especialmente nos países em desenvolvimento, antevendo possíveis restrições que serão impostas pelos países desenvolvidos.

Para minimizar o problema, segundo Barczak e Duarte (2012), deveria haver a redução dos deslocamentos motorizados associado ao estabelecimento de mudanças que considerassem modais ambientalmente responsáveis, dentre eles o transporte público e os não motorizados (TNM); isso representaria uma estratégia fundamental para a redução no consumo energético e na mitigação das emissões de gases de efeito estufa (GEE). Adicionalmente, de acordo com Fischer et al. (2007) e Halsnaes et al. (2007), a introdução de combustíveis e tecnologias mais limpas, além do melhoramento na eficiência energética, podem ser considerados medidas estruturais, já que lançam as bases para alteração nos processos de produção e consumo final, contribuindo na mitigação dos impactos ambientais negativos.

7.3 Mobilidade urbana na Europa

Na Europa, diversos países buscam formas de diminuir o tráfego em suas capitais, em uma tentativa de deixá-las com maior mobilidade. Uma das medidas, por exemplo, é fechar o tráfego de carro no centro das cidades, onde somente poderão circular os carros dos moradores. Segundo *El País* (2017), várias iniciativas a respeito têm sido realizadas.

Na capital da Espanha, Madri, a prefeitura lançou um plano de mobilidade, que pretende restringir a capacidade de circulação de carros e de estacionamento, aplicando medidas de "discriminação positiva". Alguns exemplos são aumentar o preço dos parquímetros (até que custem o mesmo que os estacionamentos públicos) e limitar o tempo máximo de duas horas para cada carro estacionado; aumentar em 25% as áreas para pedestres, multiplicar as faixas de ônibus e dar prioridade a eles nos semáforos; além de delimitar três novas zonas às que somente moradores podem ter acesso.

Na Alemanha desde 2008 é preciso ter uma placa de identificação ambiental, imprescindível para entrar na *Umweltzone*

(Zona Ambiental), ou seja, as zonas verdes das grandes cidades alemãs. No caso de Berlim, a capital do país, essa área se encontra dentro do anel que delimita o centro e inclui os bairros Mitte, Charlottenburg, Friedrichshain e Kreuzberg. Os veículos sem placa ambiental que circularem pela zona restrita são multados em 40 euros e um ponto na carteira de motorista, isso se o veículo não superar os valores de emissão permitidos. O adesivo necessário para transitar pela área restrita custa 6 euros para veículos alemães e 12,5 euros para os estrangeiros.

Na Itália, os centros antigos das principais cidades tiveram seu acesso restringido, com a intenção de preservar seu patrimônio histórico. A área restrita é chamada de Zona de Tráfego Limitado (ZTL), na qual só podem entrar os veículos com permissões especiais, geralmente dadas aos moradores, pessoas que trabalham na área restrita e hóspedes de hotéis. Em muitos casos, existem sistemas de vigilância automática para controlar o acesso e multar os transgressores. Em geral, a restrição aplica-se somente de segunda a sexta no horário comercial, ainda que às vezes seja utilizado o rodízio de carros de acordo com o número da placa, proibindo a passagem para os veículos que terminarem em número par ou ímpar, dependendo da ocasião.

Na Grécia, a partir de 1982, o trânsito de automóveis é restrito na área central de Atenas, denominada *Dactylios* em grego, que corresponde ao anel interno de acesso que circunda a área metropolitana. O objetivo principal da medida foi diminuir os altos níveis de poluição do ar, produzidos pelo grande congestionamento do trânsito naquela época e pelas condições meteorológicas do vale, no qual se situa a cidade. O sistema restringe a circulação de segunda a sexta de forma alternada para os veículos com placas terminadas em números pares e ímpares. Atualmente estão isentos do rodízio os ônibus, táxis, motocicletas, bicicletas, os veículos alugados e os visitantes com placas de outros países.

Na capital francesa, Paris, uma das iniciativas para reduzir a contaminação produzida pelo tráfego foi a instalação de um balão permanente sobre o parque André-Citroën, visível a 40km, que vai da cor verde à vermelha de acordo com o grau de poluição. Em março de 2017, os níveis de poluição da cidade alcançaram índices históricos. Para combatê-los, a cidade aplicou um teste de um dia para seus moradores. Definiu-se que só poderiam circular os veículos com placas ímpares em todo o perímetro definido, não poderiam entrar os caminhões com mais de 3,5 toneladas, com exceção dos caminhões de lixo ou os frigoríficos de armazenamento de alimentos e só foram liberados sem restrições os veículos limpos (elétricos, híbridos ou movidos a gás). A infração à norma era paga com uma multa de 20 a 50 euros e, para incentivar ainda mais os parisienses, as viagens de metrô e ônibus foram gratuitas durante vários dias. A Lei Zapa proíbe a entrada na zona urbana para carros 4x4, carros antigos a diesel e grandes caminhões. Em dez anos, a prefeitura de Paris tirou 75 hectares de terreno dos carros para entregá-los aos pedestres, para as bicicletas e outros meios de transporte "limpos".

A capital do Reino Unido, Londres, aplica a taxa de congestionamento para lidar com o tráfego no centro. Essa taxa consiste em um imposto cobrado dos veículos motorizados que operam dentro da Zona de Pedágio ou Congestion Charge Zone (CCZ), circundada pela London Inner Ring Road, no centro da cidade, de segunda a sexta, entre 7h e 18h. Os finais de semana, feriados e o período entre o Natal e o Ano Novo não são cobrados. A cobrança padrão é de 14,6 euros por dia para cada veículo que entrar na zona, com uma multa que varia de 82 a 247 euros para quem não pagar. A cobrança é baseada principalmente no reconhecimento das placas. Existem exceções, entretanto. Os veículos com 9 ou mais lugares, moto-triciclos e veículos de recuperação de ruas não pagam a tarifa, enquanto as pessoas que moram dentro ou próximas da área podem ter um desconto de 90% na tarifa.

Outro exemplo interessante é a cidade de Lyon, na França, que mesmo com aproximadamente 500 mil habitantes, congrega diversos modais de transporte e tem avançado em termos de mobilidade urbana. Chegam à cidade os trens de alta velocidade da TGV em suas estações Lyon Part-Dieu e Lyon Perrache, sendo que esta última funciona como uma plataforma intermodal de transporte que inclui também o VLT, trens, ônibus e o metrô. Além disso, conta com um sistema de serviço de empréstimo de bicicletas Vélo'v e acesso a táxis. Lyon também fica no meio de uma densa rede de estradas e está localizada no ponto de encontro de várias rodovias como a A6 (com sentido para Paris), A7 (sentido Marselha), A42 (para Genebra), A43 (para Grenoble) e também recebe a estrada A46. A cidade é servida por dois aeroportos, sendo o Saint-Exupéry International Airport, localizado a cerca de 20km ao leste de Lyon e que serve como base para voos regionais e internacionais. Ele também está diretamente ligado à rede de TGV com a sua própria estação Gare de Lyon Saint-Exupéry. O outro aeroporto é o Aéroport de Lyon-Bron, e é um pequeno aeroporto local a leste do centro da cidade e geralmente utilizado por executivos (ALVES, 2017b).

A cidade de Lyon também possui o BRT, com cerca de 5 mil passageiros/dia, um corredor exclusivo, 10 estações e 4km de extensão (BRT DATA, 2017); o metrô de Lyon, inaugurado em 1978, possui 32km de extensão, com 4 linhas de metrô, 2 linhas de *funiculares*[1], 40 estações, nas quais passam 5 linhas de VLT e mais de 120 linhas de ônibus. Os meios de transporte são complementares e 90% das viagens dentro da área urbana não necessitam de mais de 2 baldeações. Nesses casos, o usuário pode alternar o modal de transporte utilizado no período de uma hora, sem necessitar pagar outro bilhete (TCL, 2017).

A estratégia de mobilidade urbana de Lyon teve importante salto com a adoção do Plano Diretor de Mobilidade Urbana de Lyon que combinou uma série de objetivos, tais como a redução do tráfego automóvel, o desenvolvimento do transporte público, o estímulo à locomoção de bicicleta e a pé, a redução do número de acidentes e da poluição, além da promoção da igualdade social e a redistribuição do espaço urbano. Tais medidas visam criar condições para que a cidade seja mais agradável, sustentável e solidária.

De acordo com *Cidades Sustentáveis* (2017), a lei de qualidade do ar na França, de 1996, determinou o desenvolvimento de planos de mobilidade urbana a fim de promover o transporte público e assegurar um elevado nível de proteção ao meio ambiente. No caso específico de Lyon, a cidade adotou em seu planejamento 19 grandes temas, como redução do tráfego motorizado, desenvolvimento dos transportes públicos, intermodalidade, aumento das viagens a pé, desenvolvimento do ciclismo, estacionamento, movimentação de cargas na cidade, ruído gerado pelos veículos, segurança rodoviária, poluição do ar e con-

---

1. Funicular ou *funiculaire* (em francês) é uma via férrea destinada a subir e descer fortes declives e cujos vagões vão presos a um cabo acionado por motor estacionário. Funciona basicamente no transporte de pessoas ou cargas ao longo de encostas. Seu nome deriva do latim *funiculus*, diminutivo de *funis*, que significa "corda" (MICHAELIS, 2012).

sumo de energia, igualdade social, acessibilidade, qualidade dos espaços públicos, entre outros.

7.4 As novas áreas verdes de Barcelona e a mobilidade urbana

A cidade de Barcelona lançou metas para dobrar a quantidade de suas árvores e aumentar seus espaços verdes. O plano visa proporcionar a Barcelona 108 acres de novas áreas verdes até 2019 e mais de 400 hectares até 2020. A meta ambiciosa foi traçada no relatório do Plano do Verde e da Biodiversidade de Barcelona 2020. Reduzir a poluição do ar e ilhas de calor, aumentar a qualidade de vida, a proteção da biodiversidade e a educação ambiental de seus habitantes são algumas das razões pelas quais a cidade catalã quer se tornar mais verde. Para atingir esta meta audaciosa de duplicar o número de árvores na cidade, foi necessário fazer um planejamento para elevar em 2/3 as áreas verdes e espaços públicos da cidade. No geral, cada cidadão irá receber quase 11m² de espaços verdes extras (CICLO VIVO, 2018a).

O foco do planejamento das áreas verdes da cidade serão os corredores verdes, que irão ligar bairros e conectá-los a espaços verdes já existentes e também a cinco novos parques. Os corredores lineares serão implementados ao longo da cidade, com muitas plantas e folhagens em suas calçadas, praças e canteiros. Essas florestas urbanas irão coexistir com as construções da cidade e, para que isso aconteça, serão implementados telhados verdes e paredes com trepadeiras e jardins verticais, que cobrirão as áreas descampadas. A cidade também está instalando jardins temporários em terrenos baldios ou à espera de construção na cidade (CICLO VIVO, 2018a).

Um parque de grandes dimensões será plantado em torno de uma praça da cidade, que antes ficava cercada por vias de tráfego. Os veículos foram desviados para túneis. Outros jardins estão sendo instalados em lugares um pouco mais controversos, pois a cidade vai demolir alguns quarteirões de pátios e oficinas de 1920 para dar lugar à vegetação e também usar uma antiga área que servia como aterro sanitário industrial.

Para atingir a meta está sendo feita uma mudança no zoneamento e infraestrutura da cidade. Serão plantadas árvores no centro de dez dos tradicionais quarteirões de Barcelona (que possuem pátio interior). A cidade também adotou mais restrições a carros e suas ruas principais e avenidas agora recebem a rede de infraestrutura, liberando as calçadas para que sejam mais permeáveis e livres de obras constantes. Além disso, houve incentivos para a instalação de telhados verdes e jardins verticais. Tomados individualmente, todos esses microprojetos são pequenas gotas no balde. Juntos, eles criarão uma Barcelona mais verde, mais fresca, mais sustentável e mais humana.

7.5 O novo plano de mobilidade urbana de Madri

Não é somente Barcelona que está adotando novas atitudes em relação à mobilidade urbana. Outra cidade espanhola também está desenvolvendo planos ousados a respeito. Trata-se de Madri, a capital do país. A prefeitura da cidade anunciou um projeto grandioso para a sua rua mais famosa, a Gran Vía. Entre as ações, haverá faixas compartilhadas entre carros e bicicletas, ampliação de calçadas e redução de espaços para automóveis.

A ideia é transformar a capital espanhola em uma cidade mais humana. Uma das metas é integrar a bicicleta ao resto do tráfego e, para isso, os veículos particulares não poderão ultrapassar a velocidade de 30km/h. Serão duas faixas compartilhadas e mais duas exclusivas para o transporte público. Quem conhece a avenida sabe que com quatro vias ainda sobraria espaço, mas aí é que entra outro plano da gestão que é levar mais verde para o bairro. As calçadas serão ampliadas, dando mais conforto para os pedestres – os agentes que deveriam ter prioridade em qualquer cidade – e ainda receberão o plantio de árvores (CICLO VIVO, 2018b).

Também faz parte do projeto a ideia de remodelar seis praças no entorno da avenida e considera reorganizar acessos a áreas de estacionamento e áreas para carga e descarga – realizadas normalmente por veículos de grande porte. O projeto foi bem aceito pela sociedade, embora alguns ciclistas tenham questionado o fato de que a bicicleta não pode ficar encurralada entre os automóveis, o que provocou melhorias no esboço inicial.

7.6 As estratégias de Estocolmo para a mobilidade urbana

O ano de 1972 foi importante para Estocolmo, capital da Suécia, pois foi sede da "Conferência das Nações Unidas sobre o Meio Ambiente Humano" da ONU. O evento destacou a cidade em âmbito mundial pelo exemplo da combinação da gestão administrativa com o planejamento urbano, que ligado a tecnologias avançadas de gestão ambiental, trouxe inúmeros benefícios à população.

Desde essa época que Estocolmo tem promovido melhorias no sentido de reverter o impacto negativo da intervenção humana no meio ambiente. A cidade possui mais de 880 mil habitantes espalhados pelos 6.519km² de extensão territorial, e investiu em planos de sustentabilidade que transformaram os rios da capital da Suécia, que estavam poluídos, em lugar adequado para pesca. Além disso, foram implementadas lixeiras a vácuo que dispensam a coleta por caminhões e ainda têm por meta a redução do uso de combustíveis fósseis nos próximos trinta e sete anos.

Os projetos para impulsionar os índices de qualidade de vida da população sueca estavam há décadas atrelados à melhoria do tratamento de esgotos, gerenciamento de resíduos sólidos, eficiência energética e qualidade do ar. Desde a década de 1970 são realizadas novas intervenções na estrutura da cidade. O serviço de tratamento da água dos rios foi acionado e melhorou a sua qualidade, deixando-as apropriadas para a pesca e o lazer. Nem a água da chuva escapa das medidas sustentáveis. O planejamento de habitação da cidade investiu em sistemas que direcionam a demanda pluvial para unidades de tratamento específicas. A prefeitura, através de parcerias com empresas de tecnologia da informação, reciclagem e eficiência energética, modificou o sistema de aquecimento da cidade, passando a utilizar energias renováveis, dentre elas a solar, responsável por 80% do aquecimento das empresas e residências (PENSAMENTO VERDE, 2018b).

Os reconhecimentos não pararam por aí. Em 2010, Estocolmo foi nomeada a primeira "Capital Verde" da Europa e recentemente, a Unidade de Inteligência Econômica (EIU, em inglês) – empresa de monitoria de investimentos mundiais – elencou Estocolmo na 14ª posição no ranking mundial que escolheu as 25 cidades que apresentaram os melhores índices nas áreas da saúde, meio ambiente, educação, cultura e infraestrutura (PENSAMENTO VERDE, 2018b).

Estocolmo investiu no planejamento do sistema de mobilidade urbana em vários segmentos. O primeiro deles foi o metrô criado em 1950. Logo depois, em 1980, a prioridade no investimento no setor de transporte público foi para o desenvolvimento das primeiras ciclovias. Os moradores ainda têm o bonde elétrico que liga os bairros distantes ao centro como alternativa de transporte de energia limpa. A vantagem da cidade é que as estações de metrô e bondes são interligadas para facilitar o deslocamento dos cidadãos.

Outra solução para o transporte, pensando na redução do impacto de poluentes na atmosfera foi o programa Veículos Limpos. Criado em 1996, a iniciativa da prefeitura foi realizada em cooperação com indústrias e varejistas de biocombustíveis, estabelecendo que todos os carros usem combustíveis à base de plantas e vegetais, ou emitam menos de 120g de CO_2 por quilometro rodado. Para que isso fosse possível, a prefeitura negociou com fabricantes de automóveis e os incentivou a comercializar em modelos e carros híbridos, no qual 50% da capacidade do motor venha da queima de combustíveis e a outra metade de energia elétrica. Parcerias com governo federal e ONGs geraram descontos fiscais sobre estes veículos e também para os biocombustíveis. Já os ônibus na cidade operam movidos a biogás, feito do lixo orgânico que, segundo o prefeito de Estocolmo, é importado do Brasil (PENSAMENTO VERDE, 2018b).

A capital da Suécia, Estocolmo, foi a pioneira no estabelecimento de uma zona de tráfego limitada em 1996. Desde agosto de 2007, depois de um referendo com sua população, todas as entradas e as saídas da área de tráfego limitado estão equipadas com pontos de controle automáticos que funcionam com um sistema de reconhecimento do número da placa. Todos os veículos que entram ou saem da área de pagamento, com poucas exceções, têm que pagar entre 1 e 2 euros sobre o horário de acesso, entre 6h30 e 18h29. O pagamento máximo diário por veículo é de 6 euros. O pagamento pode ser efetuado de vários modos, mas rigorosamente dentro de 14 dias, e não é possível pagar nos pontos de controle. É o Imposto de Congestionamento de Estocolmo, ou *Trängselskatt i Stockholm*, em sueco, um sistema de pedágios urbanos que busca reduzir o congestionamento do trânsito e diminuir a poluição ambiental (atmosférica e acústica) no centro da cidade. Os fundos arrecadados são utilizados para a construção de novas vias (ALVES, 2017b).

Devido a essas inovações, os resultados foram positivos. A redução das emissões de gases de efeito estufa em 1990 chegou a mais de 25%. Em 2008, mais de 40% dos carros novos eram considerados limpos, pois emitiam poucos gases tóxicos, e a frota de carros movidos por combustíveis naturais chegou a 50 mil unidades. Para a prefeitura todos estes investimentos na cidade são necessários, mesmo que no primeiro momento não sejam aceitos pelas empresas de sustentabilidade.

Assim como em Cingapura e na Califórnia, em Estocolmo, uma empresa de sistema informatizado instalou um sistema que coleta dados sobre o trânsito e os processa em forma de algoritmos para prever uma hora antes onde podem ocorrer os engarrafamentos. Em todos os segmentos de serviços públicos, Estocolmo conseguiu destaque com medidas sustentáveis. A administração sueca provou que é possível repensar em maneiras de se reciclar o lixo, purificar o ar e até fazer com que os peixes voltassem a nadar nos rios da cidade por métodos de limpeza e outros procedimentos adequados para amenizar impactos no meio ambiente.

Não existem lixeiras convencionais pela capital sueca. Para evitar que caminhões de lixo transitem pela cidade emitindo CO_2 e gases poluentes para recolher o lixo em diversos pontos, a prefeitura, em parceria com a Envac, empresa sueca especialista na tecnologia de lixo pressurizado, colocou postos de coleta de resíduos sólidos e orgânicos pelas ruas, que são sugados a vácuo para uma estrutura subterrânea. Os resíduos são transportados pelos canos até uma central de coleta a uma velocidade de 70km/h. Somente quando os contêineres de 15 a 30m³ enchem, um caminhão leva-os para a usina de reciclagem. O Hospital Soleftea, em Estocolmo, já utilizava o serviço em 1961 para gerir o lixo hospitalar. Em São Paulo, o Hospital Sírio Libanês aderiu ao método e o Parque da Cidade, empreendimento sustentável em construção na capital paulista, também pretende utilizar este serviço (PENSAMENTO VERDE, 2018b).

A pesca urbana é uma prática comum em 17 cidades europeias – dentre elas Estocolmo –, pois o fluxo migratório de peixes passa por dentro das cidades. A capital sueca já estava acostumada com isso desde 1970, até a poluição de resíduos tóxicos industriais tomarem conta do lago Hammarby Sjö. A solução da administração da cidade foi implantar o tratamento de água à base de cloro, plantas e algas capazes de absorver matérias orgânicas e dióxido de carbono presentes na água. Esse processo de revitalização dos rios Riksbron e Vasabron fez com que os salmões e trutas marinhas novamente passassem pela metrópole (PENSAMENTO VERDE, 2018b).

EXERCÍCIOS

1) A cidade em que você mora é bem arborizada? Se sim, quais os benefícios de se morar em uma cidade com muitas árvores? Se não, por que isso não ocorre? Falta de interesse dos governantes?

2) Qual a importância da adoção de telhados verdes, tanto em relação ao meio ambiente quanto à questão econômica? A sua cidade tem prédios que possuem telhados verdes?

3) Comente a frase "o foco do planejamento das áreas verdes da cidade serão os corredores verdes, que irão ligar bairros e conectá-los a espaços verdes já existentes e também a cinco novos parques".

4) Qual a sua opinião sobre o texto que menciona "faixas compartilhadas entre carros e bicicletas, ampliação de calçadas e redução de espaços para automóveis"? É uma tendência mundial nas grandes cidades ou foi apenas uma ação pontual de Madri?

5) Em geral, mudanças propostas como a mencionada no estudo de caso visam aproximar mais as pessoas ou, como dito no texto, tornar a cidade "mais humana"? Em sua opinião esse é um fator importante em uma cidade? A promoção de espaços de maior convivência ajuda a ter maior qualidade de vida? Seria aplicável em sua cidade?

6) O capítulo destaca que o projeto de Madri é que "as calçadas serão ampliadas, dando mais conforto para os pedestres – os agentes que deveriam ter prioridade em qualquer cidade – e ainda receberão o plantio de árvores". Você concorda com a afirmação de que os "pedestres devem ter prioridade em uma cidade"? E como são as calçadas em sua cidade? Elas têm espaço disponível para as pessoas circularem? São apropriadas para pessoas com mobilidade reduzida como idosos e cadeirantes? Há árvores próximas às calçadas?

7) Qual a sua opinião sobre as diversas iniciativas de Estocolmo que foram apresentadas no capítulo? A sua cidade ou alguma outra que conheça tem iniciativas parecidas? Quais?

8) Quais os maiores desafios para se ter uma cidade sustentável como Estocolmo: tecnologia, vontade política, recursos financeiros, engajamento da população?

9) Como são os rios e lagos em sua cidade? Há poluição nas águas? Existem peixes? Qual é o comportamento da prefeitura, das empresas e dos moradores em relação aos rios e lagos de sua cidade? É uma utopia pensar em um rio urbano com peixes?

10) Você conhece o sistema de coleta de lixo no qual são instalados postos de coleta de resíduos sólidos e orgânicos pelas ruas, que depois são sugados a vácuo para uma estrutura subterrânea? Quais as principais vantagens de um sistema desse tipo? Existem desvantagens? Como seria o dispêndio financeiro para estabelecer um projeto desse tipo? Sua cidade ou o nosso país teriam condições de ter tal sistema? O que falta para isso ocorrer? Como é a coleta de lixo em sua cidade? A coleta é seletiva ou é feita do jeito tradicional? Compare o custo da coleta de lixo feita a vácuo ou pelo sistema tradicional, por meio de caminhões.

11) Como é o sistema de transporte em sua cidade? Usa-se mais o transporte individual (carros, motos, caminhões) ou mais transporte coletivo (ônibus, p. ex.)? Sua cidade possui metrô, BRT, VLT ou trens? Como ter transportes mais sustentáveis? De onde devem partir as iniciativas? Das pessoas? Das empresas? Do poder público?

12) Sua cidade possui ciclovias? Qual é a importância das ciclovias no deslocamento nas cidades e quais os maiores desafios para sua implementação?

8

Sustentabilidade e
poder público

8.1 Sustentabilidade ambiental e as organizações públicas

A defesa em torno do meio ambiente, intensificada pela Conferência Mundial para o Desenvolvimento e o Meio Ambiente (Rio-92), passou a ser uma bandeira levantada por vários movimentos ambientalistas e sociais e ganhou apoio de consumidores, principalmente em países mais desenvolvidos, e também de governos nacionais. Para eles, não bastava mais ter acesso a produtos e serviços, mas que estes fossem produzidos de uma forma sustentável, gerando o mínimo de impacto negativo ao meio ambiente, desde a extração da matéria-prima até sua colocação no mercado consumidor.

No entanto, mais de vinte anos após a Rio-92 ocorreram ações tímidas dos governos nacionais em favor do meio ambiente. Os mecanismos criados para a promoção da sustentabilidade, como no caso do Protocolo de Kyoto, não conseguiram obter a efetividade esperada e, enquanto decisões políticas mais acertadas não acontecem, os impactos ambientais negativos se avolumam em todo o planeta.

O governo tem um papel importante nos mercados, dado seu poder de regulação e fiscalização. Em alguns casos, pode exigir que as organizações públicas e privadas reformulem algum tipo de estratégia a fim de se adequar às regras estabelecidas. Ele pode ser considerado uma força atuante no mercado dado seu poder de criação e regulamentação de leis, bem como de fiscalização de atividades. Ademais, influencia nas políticas econômicas, instituindo impostos e taxas, ou então fornecendo subsídios em determinadas ocasiões.

Muitas vezes o governo assume também o papel de comprador de variados produtos e serviços, como na compra de material de consumo, para prestação de serviços médicos, educacionais, ou mesmo para a execução de obras ou atendimento da população. A fim de estimular a livre concorrência, muitos governos evitam a interferência direta nos mercados. Porém, o governo é um agente que está sempre estabelecendo regulamentações, normas e leis, exercendo influência na conduta das empresas. Suas leis, taxações, impostos e fiscalização acarretam cobranças nas empresas relacionadas a pagamentos e também naquelas que exigem mudanças de postura e adequação a normas (ALVES, 2016).

O governo tem função de impulsionar o desenvolvimento social sem prejuízo ao meio ambiente, proporcionando, assim, melhores condições de vida aos seus cidadãos. As leis trabalhistas, por exemplo, visam garantir direitos e deveres aos trabalhadores e às empresas no cumprimento de questões relativas à jornada de trabalho e à remuneração dos empregados. Impostos são recolhidos para que recursos sejam usados para melhorias das cidades, dos estados e do país, enquanto leis como, por exemplo, as que obrigam o licenciamento ambiental são para que as empresas incorporem as questões ambientais em seu sistema produtivo.

O governo, mesmo que indiretamente, tem poder de influência sobre as empresas e o mercado verde. Dessa forma, as melhorias advindas de legislações ambientais têm favorecido a natureza e tem obrigado as empresas, convencionais ou verdes, a cumprirem requisitos ecologicamente responsáveis. Para Nascimento et al. (2008), manter-se dentro das leis não ajuda apenas a evitar multas e processo, mas também promove a confiança dos clientes na organização. Alguns países têm legislações bem rigorosas e restritivas em relação às condutas ambientais, como destacou Fraj e Salinas (2002), com grande amplitude de normas e que abrange diversas áreas de atuação.

Ainda se deve considerar a pressão crescente de governos internacionais que, segundo Dahlstrom (2011), inclui as regras estabelecidas nas alianças comerciais realizadas pelos países e as normas resultantes de acordos com a Organização das Nações Unidas (ONU).

As políticas governamentais para determinados setores podem se constituir em barreiras de entradas para as empresas novatas. Pode haver exigências de licenciamentos, cumprimento de normas e legislações etc. Além disso, para certos mercados, o governo pode até mesmo impedir a instalação de novas empresas, como no caso dos transportes públicos, em que apenas determinado número de empresas está qualificada pelo governo a prestar tal serviço. Dessa forma, uma empresa que deseje entrar neste mercado precisa esperar vencer o prazo do contrato de prestação do serviço para que uma nova licitação seja aberta, e aí a empresa poderá concorrer.

Por outro lado, com o estabelecimento de empresas verdes no mercado, alguns governos sinalizam com a possibilidade de dar preferência a produtos ambientalmente responsáveis nas licitações públicas que promovem. Este movimento pode ser de grande importância na expansão dos mercados verdes e para estimular empresas convencionais a confeccionarem produtos atendendo às questões ambientais. Podem também taxar de forma diferente empresas verdes em detrimento das convencionais, alegando que os benefícios social e ambiental que trazem à sociedade compensam a diferença cobrada (ALVES, 2016).

Situação comum na esfera política é o descaso para com o meio ambiente vindo dos próprios governantes. Para muitos desses, não há problemática ambiental e, mais ainda, esta não faz parte de sua agenda governamental. Aliado a isso, fiscalizações ineficientes, acusações de suborno e "brechas" nas legislações ambientais são recorrentes e representam questões graves que devem ser colocadas em pauta e serem debatidas pela sociedade com seus representantes no governo.

Em uma sociedade ideal, governos e governantes deveriam ser os exemplos em termos de responsabilidade socioambiental.

8.2 Os governos e a matriz energética sustentável

Nos últimos séculos, quase todas as coisas importantes que ocorreram no mundo estão diretamente relacionadas ao uso da energia. No entanto, a discussão a respeito da energia renovável é um tema recente que veio à tona com o esgotamento e poluição gerados pelas fontes tradicionais que constituem a maior parte da matriz energética dos países do globo.

A matriz energética pode ser entendida como o conjunto de fontes diversas disponíveis para serem ofertadas em um país ou região; corresponde, então, a toda energia disponibilizada para ser transformada, distribuída e consumida nos processos produtivos e nas residências. Assim, um país ou região ao conhecer a sua matriz energética dispõe de uma informação técnica que lhe possibilita acompanhar a evolução da oferta interna de energia a partir de suas políticas e estratégias.

Alguns países possuem sua matriz energética basicamente pautada em combustíveis fósseis ou nucleares. Outros países possuem diversidade de fontes de energias, tanto de fontes renováveis como de não renováveis. Por fim, há países que têm investido fortemente em energias advindas de fontes limpas, como o Uruguai, por exemplo, na qual mais de 90% da energia consumida no país vêm de fontes renováveis.

Que o planejamento energético visando à transição para as energias renováveis deve fazer parte do rol das principais estratégias de um país, não restam dúvidas. Nenhum país talvez leve tanto a sério essa questão como a Alemanha.

Desde 2000, a Alemanha tem o planejamento de remodelar por completo o seu setor energético, com propostas para desativação de suas usinas nucleares até 2022, redução da emissão de gases de efeito estufa em 95% e aumento radical da proporção de energias renováveis em sua matriz energética para 80%, ambos compromissos com meta a serem realizados até 2050. Nas últimas décadas, o setor energético alemão investiu muito em pesquisa e desenvolvimento no que diz respeito às energias renováveis, sendo que muitas de suas empresas são líderes mundiais nessa área, criando mais de 370 mil postos de trabalho na Alemanha. O planejamento vem a partir da ideia do termo *"Energiewende"*, que significa a transição para um abastecimento energético sustentável com base em fontes renováveis de energia, sendo capitaneado tanto pelo governo alemão como por suas empresas (STEINMEIER, 2017).

Mas as ações não se restringem ao governo. Muitos fabricantes alemães de aparelhos domésticos têm trabalhado nos últimos tempos em inovações que repercutem em ganhos ambientais. Um exemplo, segundo *Deutschland* (2017), é a T 8881 S EcoComfort, que é uma secadora a energia solar. Ela é ligada ao sistema doméstico de calefação que, por sua vez, é conectado à instalação termossolar sobre o telhado. Essa secadora reduz os custos de energia em até 60%, com relação a uma secadora com bomba de calor, que por si já é de grande eficiência energética. Outro exemplo de baixo consumo de energia é a lava-louça da série "Pro Clean" da AEG®. Um de seus diferenciais é a função "AutoOff" que faz com que dez minutos após terminada a lavação, haja o desligamento automático da lava-louça com a porta se abrindo e deixando escapar o vapor quente, poupando energia. Além disto, o aparelho gasta pouca água, haja vista que um sensor reconhece o grau de sujeira da louça, que é lavada com a quantidade mínima necessária de água.

8.3 A proibição de utensílios descartáveis de plástico na França

A França é o primeiro país do mundo a proibir a venda de copos, taças, pratos, talheres e outros utensílios descartáveis de plástico. A nova lei faz parte do projeto "Transição Energética para o Crescimento Verde". O primeiro passo foi dado com a proibição da venda de sacos de plástico. A nova legislação vai ser implementada progressivamente até 2020, dando tempo aos fabricantes e aos estabelecimentos comerciais para se adaptarem às novas regras.

Os utensílios descartáveis vão continuar a existir mas deverão sofrer alterações: Os produtos devem ser 50% constituídos por materiais de origem vegetal e devem ser biodegradáveis. Esses materiais incluem, em particular, amido de milho, amido de batata, fibras têxteis ou de celulose, ou de bambu. Cinco anos depois, em 2025, o conteúdo vai aumentar para 60%. Com esta medida, o país espera reduzir o impacto ambiental do plástico convencional, derivado de petróleo, que leva várias décadas para se decompor e é frequentemente associado a substâncias que podem ser tóxicas. Além disso, é esperada uma redução dos custos com energia para reciclagem dos utensílios descartáveis. As estatísticas apontam que em 2015 os franceses descartaram 4,7 mil milhões de utensílios de plástico e que foram utilizados 17 mil milhões de sacos nos supermercados (EXAME, 2017).

Diversas organizações ambientalistas elogiaram a lei francesa e acreditam que possa servir de exemplo a outros países. No entanto, alguns críticos argumentam que a proibição de produtos prejudica os consumidores e que as medidas francesas violam as regras da União Europeia sobre a livre circulação de mercadorias.

8.4 Internet gratuita para atitudes sustentáveis na Holanda

A criatividade humana não tem limite. E quando ela é associada a iniciativas de caráter público, melhor ainda. Foi o que aconteceu na Holanda. Buscaram-se criar incentivos para que a população adotasse bons hábitos.

Em tempos em que todos querem estar conectados 24h por dia no celular, a *startup* TreeWiFi desenvolveu uma engenhoca que mede a qualidade do ar nas ruas de Amsterdã e premia os cidadãos com Wi-Fi gratuito, caso os níveis de poluição estejam baixos.

O equipamento que "dedura" o nível de poluição do ar fica pendurado nas árvores. Alguém consegue pensar em lugar melhor? E ele se parece com uma casa de passarinhos. Quando o ar do local está bom, o telhado fica verde e quem está passando já sabe: pode buscar o sinal gratuito de internet da TreeWiFi que ele estará disponível no celular – e ainda dará dicas do que pode ser feito para que o ar da cidade se mantenha em boa qualidade (THE GREENEST POST, 2018a).

Por enquanto, o aparelho é capaz de medir apenas a quantidade de dióxido de nitrogênio (NO2) presente no ar. Mas já é bastante emblemático. Trata-se de um dos gases mais poluentes que paira pelas cidades, emitido por exemplo pelo escapamento dos carros e pela fumaça dos cigarros (THE GREENEST POST, 2018a).

Mais do que incentivar pela recompensa, a organização espera despertar nos holandeses a consciência de adotar hábitos mais sustentáveis, como andar de bicicleta ou transporte público, tudo em prol da cidade e de sua própria saúde.

8.5 Ponto de ônibus com teto verde

Uma cidade do Rio Grande do Sul provou que inovar pode ser sinônimo de sustentabilidade. Caxias do Sul, na serra gaúcha, ganhou um projeto de restauração de um ponto de ônibus, idealizado por um escritório de arquitetura sustentável em parceria com uma empresa de transporte coletivo na cidade. O projeto foi batizado como Parada Verde. A iniciativa transformou o local em uma parada de ônibus ecológica visando oferecer aos usuários um contato diferente e criativo com a sustentabilidade ambiental.

O projeto aproveitou a estrutura original do ponto de ônibus, fazendo pequenos ajustes para que fosse capaz de receber um teto verde, que traz benefícios ambientais, térmicos e visuais para a cidade. Além disso, foram instaladas também duas placas fotovoltaicas no local, que tornam a parada energeticamente autossuficiente, oferecendo eletricidade para alimentar pontos de recarga de celular e garantir a iluminação da região com lâmpadas LED (THE GREENEST POST, 2018b).

Nos bancos e no próprio telhado ainda foram utilizadas madeiras plásticas, que aproveitam resíduos da indústria moveleira em sua composição. E mais: assentos antigos de ônibus foram reformados e reaproveitados no local, que está protegido com vidro laminado, garantindo conforto, segurança e proteção contra intempéries (THE GREENEST POST, 2018b).

Junto com a inauguração da parada, a empresa de transporte coletivo lançou o primeiro ônibus híbrido de Caxias do Sul, movido a biodiesel e eletricidade. Outra cidade brasileira, Salvador, na Bahia, também já possui um ponto de ônibus com teto verde.

8.6 A rodovia francesa que gera energia solar e as ciclovias nas estradas alemãs

A França e a Alemanha desenvolveram projetos inusitados de sustentabilidade ambiental em relação às suas vias e rodovias. Enquanto as rodovias buscam a geração de energia solar, as alemãs elaboram ciclovias para integrar e humanizar a capital do país.

No início de 2016 o Ministério de Ecologia e Energia da França anunciou a ideia de pavimentar 1.000km de rodovias com painéis solares pelos próximos cinco anos. Trata-se de uma estratégia do governo de promover a energia sustentável e aproveitar essa tecnologia para proporcionar energia a residências ou sistemas de infraestrutura pública, sobretudo em regiões onde a distribuição é mais complexa. No entanto, menos de um ano após o anúncio, a França inaugurou o primeiro trecho do projeto próximo a uma pequena cidade chamada Tourouvre-au-Perche, ao norte do país (ARCHDAILY, 2017).

De acordo com Archdaily (2017), a rodovia tem um quilometro de extensão e foi coberta por 2.800m^2 de painéis solares que podem gerar a energia necessária para o funcionamento do sistema público de iluminação da cidade de 3.400 habitantes. O projeto foi concebido e executado pela empresa Wattway. Segundo o comunicado de imprensa, a produção anual estimada é de 280MWh, com produção diária média de 767kWh, podendo alcançar 1.500kWh por dia no verão.

Pelos lados da Alemanha, a estratégia é a construção de ciclovias. A ideia é que elas sejam rotas ininterruptas de longa distância, completamente segregadas de carros e pedestres. As ciclovias não serão apenas demarcações simples ao lado de estradas. Elas serão rotas ininterruptas de longa distância, completamente segregadas, que permitirão que os berlinenses entrem e saiam do centro da cidade de forma muito mais rápida e mais segura, sem nunca ter que se misturar com carros.

As novas supervias para bicicleta terão pelo menos 5km de distância e serão construídas para que os ciclistas gastem no máximo 30 segundos em semáforos de cruzamentos por quilômetro rodado. Para permitir uma ultrapassagem segura, as pistas das vias terão pelo menos 4m de largura, encolhendo-se para 3m quando as pistas estão completamente separadas em trilhas de mão única (CICLO VIVO, 2018c).

Há vinte anos Berlim já era conhecida por ser uma das melhores capitais da Europa para se andar de bicicleta. Isso graças a uma rede de ciclovias na calçada, que nem sempre separava as bicicletas de carros ou pedestres com eficiência. Porém, recentemente, a rede de Berlim foi ultrapassada por cidades como Copenhagen e Amsterdã. Para não ficar para trás, a cidade lançou um plano para melhorar a sua infraestrutura de ciclismo com várias novas estradas exclusivas para bicicleta.

Existem diversos locais possíveis para a implantação das novas vias de bicicleta na cidade. Berlim possui trilhos ferroviários abandonados durante o período do pós-guerra que poderiam ser reutilizados para o transporte de bicicletas e algumas ruas são desnecessariamente grandes, e parte delas poderia ser usada para ciclistas. O espaço abaixo do metrô elevado da cidade também poderia ser adaptado para acomodar as vias. Os moradores da cidade estão por trás da melhoria na infraestrutura cicloviária, já que realizaram uma campanha popular com 100.000 assinaturas pedindo um referendo para mais investimentos no transporte. Iniciando um diálogo a respeito, a Administração do Senado para o Meio Ambiente, Transporte e Proteção Climática de Berlim publicou um mapa on-line com possíveis rotas (CICLO VIVO, 2018c).

8.7 Servidor que vai de bicicleta ao trabalho ganha folga em Salvador

Incentivar bons hábitos da saúde e, se possível, que revertam em melhorias ambientais deveria ser um dos papéis da administração pública comprometida com a sustentabilidade. Um exemplo interessante é praticado por Salvador, capital do Estado da Bahia. Na cidade o servidor público que for de bicicleta ao trabalho ganha um dia de folga a cada 15 dias por mês.

O incentivo ao uso da bicicleta como meio de transporte urbano em Salvador ganhou reforço no início do mês com a publicação no Diário Oficial do Município da Portaria 003/2017. O servidor público da Secretaria da Cidade Sustentável e Inovação (Secis) que se deslocar de bicicleta de sua residência até o trabalho, durante 15 dias úteis por mês, terá abono de 1 (um) dia de serviço. A resolução tem como base a Lei 12.587, de 03 de janeiro de 2012 – que institui as diretrizes da Política Nacional de Mobilidade Urbana (PNMU). A medida tem o objetivo de integrar o transporte urbano não motorizado ao cotidiano da cidade e promover o desenvolvimento sustentável na capital (CICLO VIVO, 2018d).

A nova portaria traz vantagens tanto para cidade como para o cidadão. Para a secretaria, a cidade de Salvador precisa de menos carros nas ruas e os moradores, de uma vida mais saudável. A integração da bicicleta ao cotidiano do trabalhador e da cidade ajuda na redução da emissão de gases de efeito estufa, melhora a qualidade do ar, ajuda no combate ao sedentarismo e promove a mobilidade ativa. O próprio secretário percorre 20km de bicicleta de sua casa até o parque da cidade, onde fica a sede da diretoria de áreas verdes do município.

Para receber o benefício, o servidor terá que comprovar o seu deslocamento por meio de uma declaração. No documento deverão constar os dias em que ele utilizou a bicicleta para ir ao trabalho, as assinaturas do beneficiado e do servidor encarregado para exercer a fiscalização do uso do transporte. Feito isso, o documento deverá ser encaminhado à Coordenadoria Administrativa do órgão até o quinto dia útil do mês subsequente. O gozo do abono será previamente autorizado pela chefia imediata do servidor.

Até 2012, Salvador possuía um sistema cicloviário implantado pela administração municipal da época de apenas 10,5km. A partir de 2013, a capital baiana passou a adotar ações para estimular o uso da bicicleta como transporte alternativo na cidade. Hoje, já são 145,04km distribuídos entre ciclofaixas, ciclorotas e ciclovias. Aumento de mais de 134km. Outra iniciativa que tem contribuído para melhorar a mobilidade urbana e estimulado mais pessoas a se deslocarem dentro da cidade de bicicleta é o programa Salvador Vai de Bike, lançado em 2013 pela prefeitura. O programa dispõe de 40 estações de bicicletas compartilhadas e distribuídas em diversos pontos da cidade. O mapa com a localização das estações, dicas e orientações para ciclistas e motoristas fica disponível no site do programa (CICLO VIVO, 2018d).

8.8 Presos que transformam bicicletas roubadas em cadeiras de rodas

Alguns dos bons projetos do poder público em termos de mobilidade urbana e sustentabilidade podem também ter caráter social. Um projeto dessa natureza é realizado em Minas Gerais. De um lado está a bicicleta, um meio de transporte que alia práticas sustentáveis com vantagens para o bem-estar e a saúde. De outro lado está a ressocialização de presos que aprendem um novo ofício. E, por fim, a transformação das bicicletas em cadeiras de rodas para quem precisa.

O projeto das cadeiras de rodas começou há seis meses e conta com o apoio da Helibras, empresa brasileira fabricante de helicópteros. Ela doa as rodas menores, o aro para locomoção, o estofamento e faz a pintura da estrutura das cadeiras. Dois detentos do Presídio de Itajubá, no sul de Minas Gerais, estão transformando bicicletas apreendidas por roubo ou tráfico de drogas em cadeiras de rodas para adultos e crianças da região que não podem comprar o equipamento de extrema necessidade para sua locomoção (ECYCLE, 2017).

Os dois detentos já transformaram 300 bicicletas em cadeiras de rodas. A dupla também conserta brinquedos quebrados de praças públicas e escolas. Eles ainda são responsáveis pela manutenção geral do presídio, atuando nas áreas de hidráulica, elétrica, pintura, máquinas e alvenaria.

Damião, um dos detentos, conta que faz outras reformas nas cadeiras de rodas e já participou de algumas entregas. "É um momento emocionante, fico muito feliz. É gratificante poder ajudar as pessoas com o meu trabalho", disse. Para o diretor de Atendimento e Ressocialização, o projeto ocupa um lugar especial entre todas as atividades realizadas pelos detentos. "Fiquei impressionado com um documento enviado pela ONG Caravelas, em que relatava problemas sociais da região e pedia ajuda. A partir disso, foram surgindo ideias para auxiliarmos de alguma forma", afirmou (ECYCLE, 2017).

A relação do presídio com a comunidade vai além. Semanalmente, outra dupla de detentos lava e passa 200 peças de roupas de cama para postos de saúde da região. Outros dois presos fazem o trabalho de lavar, cortar e embalar verduras, legumes e frutas para o restaurante popular da cidade. Ao todo, são enviados 350kg de alimentos.

EXERCÍCIOS

1) Qual é a importância dos governos como elaboradores de lei visando à regulação de produtos e serviços ambientais?

2) Uma lei impondo uma determinada "regra ambiental" poderia ser uma boa alternativa? Discuta.

3) Como são as legislações ligadas à esfera ambiental em nosso país? São rigorosas ou brandas? Elas são cumpridas?

4) O texto do capítulo mostra que a lei francesa foi elogiada por organizações ambientalistas; no entanto, foi criticada por outros. Qual é sua opinião a respeito?

5) Como deve ser feito o descarte de materiais plásticos como copos, talheres e pratos? Mudar a matéria-prima desses materiais, como feito na França, é uma boa solução?

6) O que você achou da iniciativa realizada na cidade de Amsterdã (Holanda) em relação ao incentivo de boas práticas ambientais ser recompensado com Wi-Fi grátis? Seria possível fazer algo parecido em sua cidade? Acredita que a população abraçaria a causa?

7) Qual a importância da melhora da qualidade do ar nas cidades? Como isso afeta a vida das pessoas?

8) Existem várias medidas criativas para fazer com que a população abrace a causa ambiental e adote medidas sustentáveis? Você conhece outras iniciativas semelhantes ao do Wi-Fi gratuito e que foram apresentadas no texto? Se sim, qual ou quais?

9) Os governos devem ser exemplos de sustentabilidade. Isso tem ocorrido em nosso país? Se sim, como é o papel dos governos? Se não, por qual razão o governo não tem sido eficiente na questão de sustentabilidade?

10) Em vários lugares os governos têm sido coniventes em relação à piora da sustentabilidade ambiental. Qual o papel do cidadão e do consumidor para reverter esse processo?

11) Por que alguns governos têm dificuldade em implementar projetos de energias renováveis como o apresentado no texto e referente à geração de energia solar em rodovias na França? Faltam profissionais qualificados? Falta conhecimento técnico? Faltam recursos financeiros? Falta vontade política? Nesse quesito, como você classificaria sua cidade, região ou o nosso país?

12) Apresente alguns exemplos bem-sucedidos de implementação de energias renováveis limpas pelo poder público. Isso existe em sua região? Há casos de sucesso e exemplos inspiradores que você conhece e que foram desenvolvidos pelo governo, seja federal, estadual ou municipal?

13) Qual sua opinião sobre a mobilidade urbana em sua cidade ou em nosso país? É adequada ou inadequada? Existem transportes utilizando combustíveis considerados "limpos"? Há diferentes meios de transporte; por exemplo: ônibus, metrô, avião, trem etc.? Qual os impactos ambientais positivos e negativos desses meios de transporte?

14) Há ciclovia em sua cidade ou país? Se sim, como ela funciona? Há sinalização e respeito por parte dos outros usuários para com o ciclista? As pessoas usam bicicleta apenas para lazer ou para se locomoverem para o trabalho e/ou escola? Se não, por que não existe? Falta interesse da comunidade ou apoio do poder público?

15) Qual é a sua opinião sobre iniciativas para incentivar o uso da bicicleta como o promovido pela prefeitura de Salvador? Você conhece outros exemplos parecidos? Que outras possibilidades de promoção do transporte sustentável e/ou coletivo poderiam ser desenvolvidas pelos órgãos públicos? Dimensione o seu impacto social, ambiental e econômico.

16) Qual é a sua opinião sobre o projeto do presídio cujos detentos transformam bicicletas apreendidas por roubo ou tráfico de drogas em cadeiras de rodas para adultos e crianças? Você conhece outros exemplos parecidos? Há outras possibilidades de inserção do detento em ações dessa natureza e que promo-

vem melhorias de cunho social e ambiental? Dimensione o seu impacto social, ambiental e econômico.

17) Existe vontade política em sua cidade ou em nosso país para projetos sociais como o apresentado no texto referente aos detentos? Se não existem, como a sociedade pode se organizar para estruturar projetos como esse?

18) Quais os principais papéis que o poder público, seja federal, estadual ou municipal, pode exercer em relação à sustentabilidade ambiental?

19) Que papel as associações de moradores e instituições de representação civil pode exercer no dia a dia das cidades? Podem cobrar ações mais efetivas das prefeituras ou também podem contribuir com outras medidas? Se sim, quais medidas?

20) Em alguns países há uma clara insatisfação dos cidadãos em relação aos serviços públicos prestados pelos governos, em todos os níveis. Argumenta-se que se paga muito imposto e, em troca, recebem-se poucos benefícios na forma de serviços prestados pelo poder público. Essa é a realidade de sua cidade, Estado e de nosso país? Como exigir mais dos governos e ter maior retorno dos impostos pagos?

21) Como as empresas podem ajudar na melhoria do bem-estar de uma cidade? Para você, as empresas podem divulgar, por exemplo, seu logotipo em uma praça que foi adotada por ela? Você é a favor ou contra da propaganda privada em um espaço público, mesmo que esse espaço tenha sido adotado?

9

Sustentabilidade e empresas

9.1 Sustentabilidade ambiental e as organizações privadas

Sem dúvida alguma, inserir a sustentabilidade ambiental nas ações das empresas representa um grande desafio. Se antes se podiam fabricar produtos sem se preocuparem com a origem da matéria-prima, com a poluição gerada em suas fábricas tanto nos cursos d'água, atmosfera e solo, e nem com os resíduos advindos do descarte do produto usado ou de sua embalagem, agora se tornam necessários estudos que avaliem os impactos ambientais de suas ações e produtos.

Responsáveis, em grande parte, pela geração de emprego, oferta de produtos e serviços, além de pagamento de impostos, as empresas têm papel fundamental na movimentação da economia das cidades, estados e países e, por isso, muitas vezes elas eram consideradas como intocáveis "benfeitoras" da sociedade. Todavia, se por um lado as empresas têm essa inegável importância social, por outro lado, elas são, por diversas vezes, acusadas de exploração de empregados em condições de trabalho desumanas, desenvolvimento de produtos oriundos de extração ineficiente de matéria-prima, ocasionando diversos impactos ambientais negativos, oferta de produtos desnecessários à vida das pessoas, além de sonegação de impostos e corrupção (ALVES, 2016).

O maior acesso à informação devido ao avanço das tecnologias, sobretudo a Internet, tem proporcionado grande visibilidade às organizações privadas. Isso representa um fator positivo para elas, pois facilita a divulgação de seus produtos, serviços e marcas; todavia, em outra mão, torna a empresa mais vulnerável à opinião pública no que concernem as suas práticas e ações.

Elevar o nível de consciência ecológica dos tomadores de decisões nas empresas representa um desafio, pois as ações voltadas para as questões ambientais estão mais focadas no ambiente interno das organizações, prioritariamente para processos e produtos.

Um aspecto importante nesse processo de mudança de postura é a busca pela Responsabilidade Social Empresarial (RSE), que pode ser definida como o estímulo a um comportamento organizacional que integra aspectos sociais e ambientais que não estão, necessariamente, contidos na legislação, mas que visam atender aos anseios da sociedade, em relação às organizações. Além disso, é composta por ações socioambientais que buscam a identificação e minimização de possíveis impactos negativos advindos da atuação das empresas, bem como ações para melhorar sua imagem institucional, favorecendo os negócios (DIAS, 2011; NASCIMENTO et al., 2008). Segundo Donaire (2009), a responsabilidade das empresas pode assumir diversas formas, entre as quais se incluem a proteção ambiental, projetos filantrópicos e educacionais, equidade nas oportunidades de emprego e serviços sociais em geral.

Uma nova atitude frente aos problemas ambientais deve ser tomada por empresários e administradores visando a sua solução, ou sua minimização, e, para isso, eles devem considerar o meio ambiente em suas decisões e adotar concepções administrativas e tecnológicas que contribuam para ampliar a capacidade de suporte do planeta (BARBIERI, 2016).

As novas exigências do mercado promoveram mudança na gestão das empresas. Para se adequar a essas novas regras, diversas organizações passaram a ficar mais atentas com a origem e a composição da matéria-prima dos produtos que fabricavam ou comercializavam. Um exemplo ocorrido no Brasil foi a união de três grandes grupos de supermercados visando boicotar a carne vinda de fornecedores que fossem responsáveis por desmatamento na região amazônica para a prática da pecuária. Essas empresas passaram a exigir que toda a carne tivesse sua procedência comprovada por um selo de rastreabilidade concedido por organizações independentes e idôneas. Redes de supermercados também têm desenvolvido campanhas para os consumidores no sentido de incentivar a utilização de sacolas de pano retornáveis e reduzir (e até eliminar) o uso de sacolas plásticas, a entrega de pilhas e lâmpadas usadas, bem como de outros materiais impróprios de serem "lançados" diretamente no meio ambiente (ALVES, 2016).

Empresas que não consideram a variável "meio ambiente" como estratégica para seus negócios ou que, pior, procuram utilizá-la apenas para ludibriar o consumidor, não são consideradas empresas verdes. Em alguns casos, existe a prática do *greenwashing* que, segundo Ottman (2012), é quando uma organização exagera ou engana os consumidores a respeito dos atributos ambientais de suas ofertas. As acusações de *greenwashing* podem surgir de diversas fontes, incluindo ambientalistas, imprensa, consumidores, concorrentes e comunidade científica, e podem ser sérias, duradouras e muito prejudiciais à reputação de uma empresa.

Muitos consumidores podem se sentir confusos quando expostos a propagandas de produtos verdes, pois têm dificuldades em separar aqueles que realmente internalizam a variável "ambiental" em sua produção, comercialização e descarte, daqueles que apenas utilizam o termo como mais um artifício de marketing. Para Ottman (2012), essa situação é conhecida como "fadiga verde" e deixa os consumidores em dúvida a respeito dos fatos reais nas campanhas em defesa da sustentabilidade, podendo influenciar negativamente até mesmo as empresas mais bem intencionadas.

Diversas empresas podem conseguir relativo sucesso praticando *greenwashing* no curto ou médio prazos; contudo, essa atitude é arriscada e será questão de tempo para que os consumidores, a mídia ou o governo descubram e aí os danos à imagem institucional da organização podem ser irreversíveis.

Empresas que praticam *greenwashing* são como maus profissionais, isto é, existem por toda parte e sempre existirão; isso não significa que não existam empresas que realmente praticam o discurso ambientalista, da mesma forma que existem profissionais sérios e competentes como médicos, advogados, administradores, políticos, economistas etc. Cabe à sociedade criar elementos para separar as empresas que realmente possuem conduta ambiental responsável daquelas que apenas tentam ludibriar os consumidores.

Uma das estratégias para auxiliar os consumidores na identificação e escolha dos produtos verdes é o desenvolvimento de selos e certificações que venham a atestar, segundo normas reconhecidas pelo mercado, a "qualidade ambiental" dos produtos. Como o consumidor não pode estar *in loco* para verificar a conduta ambiental da empresa, as certificadoras de caráter idôneo e reconhecidas por um sistema de certificação irão fazer este trabalho para o consumidor.

9.2 Sustentabilidade ambiental como fator estratégico

Não se deve esperar que as empresas concentrem todos os seus esforços no sentido de desenvolver e promover um produto verde e que se esqueçam dos demais atributos que são importantes para os consumidores. Agir dessa forma seria fatal para as empresas verdes e, certamente, elas perderiam mercado para os concorrentes não verdes.

Aumentar e manter sua fatia de mercado constitui apenas um dos inúmeros benefícios da nova postura ambiental pelas empresas. Introduzir boas práticas ambientais na organização, além de ser a forma correta de se trabalhar, também ajuda a melhorar a imagem institucional, de suas marcas e também a economizar dinheiro, principalmente quando se otimiza o uso de matérias-primas e se reaproveita os recursos.

Considerando-se que todos os atributos de dois ou mais produtos de marcas concorrentes sejam semelhantes, poder-se-ia dizer que aquela empresa que possuir o atributo ou qualidade "ambiental" mais perceptível ao consumidor, tem boas chances de ganhar sua preferência. Dessa forma, a qualidade ambiental de um produto pode, muitas vezes, servir como fator de desempate no processo de tomada de decisão de compra dos consumidores. Além disso, as empresas não querem que o consumidor associe a sua imagem institucional com produtos que causem grandes impactos negativos ao meio ambiente o que, certamente, provocará perda de competitividade em alguns mercados (ALVES, 2016).

Quando se analisa a importância dos atributos de um produto, uma estratégia de *marketing* interessante para as empresas verdes é conseguir unir aspectos econômicos e ambientais na elaboração e comercialização dos produtos.

É compreensível que os consumidores tenham maior motivação com relação ao meio ambiente quando o desenvolvimento dos produtos vem acompanhado de ganhos econômicos. Mesmo que o consumidor venha a pagar um preço a mais (sobrepreço) pelo produto verde, ele tem uma expectativa de, a médio prazo, recuperar o investimento com a melhor eficiência do mesmo.

Sempre que o produto verde conseguir unir os aspectos ambientais e econômicos em sua produção, comercialização e descarte, a empresa terá vantagens competitivas no mercado.

Um exemplo claro é no momento da escolha de um eletrodoméstico quando, ao se optar por um modelo classificado com menor consumo, *se consome menos energia* (aspecto ambiental) e ao mesmo tempo *se paga menos energia* (aspecto econômico). O consumidor tem condições de optar por produtos que consomem menos energia e que, portanto, serão mais econômicos e "verdes". Dessa forma, embora o atributo ambiental seja importante, o maior motivador para muitos consumidores, sem dúvidas, é o atributo econômico.

Diversos tipos de empresas se apoiam na utilização de tecnologias mais modernas para otimizar o uso de matérias-primas no sentido de obterem ganhos econômicos. Na indústria moveleira, por exemplo, máquinas computadorizadas fazem cortes precisos e otimizados de chapas de madeira, bastando, para isso, que sejam informadas as medidas das peças que se deseja cortar. Para a empresa representa o uso mais racional do recurso natural, refletindo em ganhos econômicos e ambientais.

Ao mesmo tempo em que a empresa é influenciada pelo mercado, ela também pode exercer influência sobre ele. Em maior ou menor grau, isso pode resultar em ganhos para as empresas, dependendo de uma série de fatores, como porte da empresa, desempenho no mercado, contatos políticos, relações com entidades da sociedade civil etc. Esses fatores representam as condições microambientais da empresa e constituem as forças e habilidades que ela possui para se adaptar ao mercado e, ao mesmo tempo, influenciá-lo.

Ao estar atenta para suas relações externas, conhecendo seu microambiente, a empresa poderá definir sua estratégia competitiva e estabelecer uma série de atividades que valorizem sua inserção no mercado, diferenciando-a das demais.

Em relação ao desenvolvimento e consolidação de um mercado verde, podem-se considerar os seguintes aspectos (ALVES, 2016):

a) As questões ambientais cada vez mais fazem parte da agenda corporativa das organizações privadas e norteiam suas condutas estratégicas, seja pela mudança em seu ambiente interno como nos casos de otimização de processos e recursos como água, energia etc., seja pelo desenvolvimento de produtos verdes que irão impactar o seu ambiente externo.

b) A organização privada, ao participar de um mercado verde, busca não apenas melhorar a sua imagem institucional atrelando-a ao ambientalismo, mas principalmente porque objetiva obter maior fatia de mercado ou mesmo manter as vendas em determinada região ou país, que podem passar a fazer novas exigências relacionadas às questões ambientais.

c) A empresa que faz parte de um mercado verde não pratica o *greenwashing*, ou seja, a "lavagem verde", pois pauta sua conduta estratégica por melhorias contínuas em seus processos e produtos e a otimização dos recursos naturais é parte indispensável nesse conjunto.

9.3 As marcas e os produtos verdes

Embora ainda tenha um caminho a percorrer, diversos especialistas acreditam que os produtos ambientalmente responsáveis deverão se tornar, futuramente, *mainstream*[2].

As marcas têm o papel de prover os consumidores com mais opções de produtos e serviços sustentáveis e essa preocupação já existe em algumas partes do mundo. A razão é que as pessoas buscam, cada vez mais, marcas que provocam impacto em suas vidas de forma positiva sem prejudicar o meio ambiente e a sociedade. Uma das dificuldades, no entanto, é operacionalizar em grande escala essa produção e, assim, diminuir o custo ainda elevado do que chega ao mercado.

Segundo um professor da Universidade de Stanford, nos Estados Unidos, até agora não há muita evidência de que os clientes vão pagar mais por qualquer coisa 'verde' só porque é verde. Por enquanto é apenas o início de uma era em que a estratégia de *design*, resultados de negócios e de impacto ambiental estão

---

2. Em uma tradução livre, algo como "convencional", "normal", "comum".

colaborando para a cocriação de novos produtos, serviços e ideias que podem transformar o 'verde' de tendência em algo mais ligado a uma parte fundamental da economia mundial, com vistas ao atendimento da necessidade do cliente, que é a busca por produtos e serviços que verdadeiramente sirvam a suas aspirações, ambições, necessidades, desejos e esperança (PROPMARK, 2017).

O mais correto talvez fosse chamar os "produtos verdes" de tendências de mercado, ou seja, aceitar que eles levarão tempo para que sejam parte do dia a dia, sem, contudo, esquecer que é imprescindível que essa mudança ocorra.

Os produtos verdes ainda constituem um nicho, mas com a tendência futura de virar *mainstream*. É necessário que as grandes multinacionais entendam e coloquem isso como um desafio. As marcas ainda estão sondando o mercado para fazer esse tipo de investimento e então produzir em grande escala. Adicionalmente é importante que as empresas, donas das marcas, ensinem as vantagens de se consumir menos.

Nesse contexto, de acordo com Propmark (2017), multinacionais como LG e Unilever já disponibilizam no mercado versões mais sustentáveis de alguns de seus produtos. No caso da Unilever®, após dez anos de investimentos em pesquisas, a empresa lançou, em 2013 na Europa e em 2015 no Brasil, antitranspirantes das marcas Dove® e Rexona® em embalagens menores que, armazenando o mesmo conteúdo, utilizam 30% menos de alumínio e 50% menos de gás propelente (responsável pela saída do produto de dentro da lata), além de economia em transporte e espaço de armazenamento.

Já no caso da LG, a preocupação foi reunir em seus produtos eficiência energética e redução no consumo de água, movimento que ganhou força no ano passado, diante do cenário de crise hídrica no país. A empresa entrou no território da sustentabilidade e se aprofundou com a linha branca e os aparelhos de ar-condicionado Inverter V, sendo um guarda-chuva estratégico para ambas as linhas de produtos. Desde 2015 a LG trabalha com ações que reforçam a economia de até 45% de água e até 24,5% de energia proporcionada pelos modelos de Lava & Seca Smart Care Front Load da companhia. Em paralelo, a área de ar-condicionado da LG lançou em 2015 o Simulador de Capacidade e Economia de Energia Elétrica, que permite ao consumidor verificar o quanto poderá economizar (PROPMARK, 2017).

A presença da LG nesse nicho está relacionada a uma demanda do consumidor, que vem sendo comprovada na avaliação de *performance* de materiais de *marketing*. Para a linha de lavadoras, as peças de mídia que indicavam a redução do consumo de água tiveram uma *performance* muito superior à do histórico da categoria. Com o andamento das ações e campanhas, a empresa se apropriou do conceito de sustentabilidade e trabalha para materializar em dinheiro, ao consumidor, o quanto é possível economizar, além de estabelecer parcerias e comunicações que ajudem a educar e mudar os hábitos de consumo das pessoas (PROPMARK, 2017).

Em relação ao preço dos produtos, a empresa afirma que o "alto valor agregado" e "inúmeras tecnologias juntas" agradam o brasileiro que, naturalmente, acaba investindo mais na hora de escolher uma lavadora ou ar-condicionado que acarretará em economia. As classes C e D já enxergam que também merecem essa praticidade e o custo-benefício, a longo prazo, compensa. As classes C e D, de fato, devem entrar na mira das fabricantes para que, então, elas passem a produzir produtos mais sustentáveis e com custos menores. Para a LG atualmente essas classes consomem o que a classe A já consumia há dez anos. Mas elas ainda precisam experimentar muita coisa. Deve demorar um pouco, mas vai acontecer (PROPMARK, 2017).

9.4 O "couro vegetal" produzido a partir de resíduos do vinho

Imagine vestir uma roupa produzida a partir de resíduos do vinho. O que pode parecer inusitado à primeira vista é um novo produto ambientalmente responsável, durável, e que foi desenvolvido na Itália.

O produto é conhecido como "couro vegetal", embora o termo não seja totalmente apropriado porque, na verdade, couro é somente feito de pele de animais. O estudo realizado na Itália identificou as fibras contidas nas peles e sementes das uvas como ótima para a criação de um material totalmente ecológico 100% vegetal e que foi batizado de Vegea, um exemplo perfeito de economia circular e bioeconomia. Foi desenvolvido e patenteado um processo de produção inovador que transforma as fibras e óleos vegetais presentes no bagaço, em um material ambientalmente amigável com as mesmas características mecânicas, sensoriais e estéticas do couro animal, e o resultado é um laminado ("couro vegetal") de alta qualidade com baixo custos de produção, adaptável e fácil de trabalhar. O Vegea também se distingue daqueles que são indevidamente chamados de "ecocouros" uma vez que são sintéticos e em sua produção se utiliza produtos químicos poluentes (STYLO URBANO, 2017).

Portanto esse material feito de vinho é produzido sem usar uma gota de petróleo, sem o uso de substâncias poluentes, sem consumo de água e principalmente, sem matar um animal. A ideia original surgida do fundador da Vegea Ltd. tinha por objetivo produzir um material que simulasse o couro animal nos princípios da sustentabilidade, ética, proteção da saúde dos trabalhadores e dos consumidores, respeitando o meio ambiente. O sucesso do empreendimento foi tal que receberam um prêmio da iniciativa Global Change Award da H & M.

O produto de origem vegetal não usa água para sua produção em comparação aos 240 litros de água necessários para fazer um metro quadrado de couro animal, e minimiza os impactos ambientais negativos. A matéria-prima para fazer o laminado não falta, pois a cada ano são produzidos 26 bilhões de litros de vinho. Com esse processo de produção pode ser obtido cerca de 7 milhões de toneladas de bagaço a ser transformado numa matéria-prima.

Pode-se produzir 3 milhões de metros quadrados de Vegea ao ano, numa área equivalente a cerca de 400 mil campos de futebol. Hoje a Itália é o maior produtor de vinhos, com 18% da produção mundial. Uma área ideal para a produção de Vegea, mas que pode ser de interesse em todas as principais regiões vinícolas internacionais. Em suma, o Vegea é uma grande inovação pois é feito a partir do material excedente da produção de vinho e elimina o consumo de água (STYLO URBANO, 2017).

9.5 Sustentabilidade ambiental na mira dos investidores

Os investidores consideram cada vez mais dados ambientais, sociais e de governança antes de decidir colocar dinheiro em uma empresa. Mas a falta de um padrão nas informações divulgadas atrapalha a tomada de decisão. A maioria dos investidores diz avaliar os fatores ambientais e sociais a partir de uma base informal. Assim, esse é um dos fatores a impedir que esses dados ganhem maior relevância na alocação de recursos.

A questão é a diferença no entendimento desses dados. Quando se falam de dados financeiros, existe uma padronização de como essas informações devem ser reportadas. Para dados socioambientais, não há um padrão que seja tão fechado para interpretações. Todavia, há no mercado um movimento autorregulatório de tentar criar essa padronização.

No Brasil, uma das tentativas de desenhar essa uniformização de dados vem do ISE, índice de sustentabilidade da Bolsa. Os dados estabelecem uma base para comparar *performance* de empresas sob aspectos como eficiência econômica, equilíbrio ambiental, justiça social e governança corporativa. Desde dezembro de 2015, quando foi lançado, o ISE acumula valorização de 154,6%. No mesmo período, o Ibovespa, índice das ações mais negociadas da Bolsa, tem avanço de 101,5% (FOLHA DE S. PAULO, 2018).

De acordo com *Folha de S. Paulo* (2018), uma pesquisa da consultoria Ernst & Young (EY), mostrou que no passado 68% dos investidores disseram que informações não financeiras têm papel fundamental ao escolher o destino final dos recursos. É uma evolução em relação a 2015, quando 52% afirmavam atentar para essas questões antes de escolher onde investir. A empresa de consultoria entende que há uma mudança significativa de mercado e que os executivos estão valorizando mais esse recorte de dados dentro de relatórios publicados. A Ernst & Young ouviu 320 investidores ao redor do mundo, sendo um terço deles com mais de US$ 10 bilhões em ativos sob gestão.

Segundo o levantamento, 92% dos entrevistados concordam ou concordam muito que questões socioambientais e de governança têm impactos reais e quantificáveis a longo prazo nos resultados financeiros.

Para a Ernst & Young os escândalos ambientais e sociais recentes – e as consequências desses casos sobre as ações das empresas – fazem com que a sustentabilidade ganhe mais espaço dentro das corporações. O estudo cita indiretamente o episódio envolvendo uma conhecida montadora de automóveis, que usava um *software* para manipular testes que verificavam as emissões de gases poluentes de seus veículos. Nos dias seguintes à publicação das primeiras denúncias, as ações da empresa chegaram a acumular desvalorização de 42,2% (FOLHA DE S. PAULO, 2018).

Situações assim fazem com que o mercado e os consumidores penalizem a companhia. O consumidor tem uma reação imediata em parar de consumir o produto de empresas que estão envolvidas em corrupção e em algum tipo de manipulação. A sustentabilidade é um caminho sem volta. Inevitavelmente as empresas terão que trilhar esse caminho e, em caso de ações indevidas, vão ser penalizadas no mercado consumidor ou na capacidade de receber investimentos.

EXERCÍCIOS

1) Como uma empresa verde deve proceder para poder comprovar, perante seus clientes, que seus produtos são sustentáveis e que seus processos causam menos impacto ao meio ambiente?

2) Qual o papel das empresas como agentes de promoção do consumo consciente na sociedade? Que ações e projetos elas

podem contribuir, além do seu "dever de casa"; ou seja, ter processos e produtos mais sustentáveis?

3) O texto do capítulo diz que "o cliente busca produtos e serviços que verdadeiramente sirvam a suas aspirações, ambições, necessidades, desejos e esperança" e que "não há muita evidência de que os clientes vão pagar mais por qualquer coisa verde só porque é verde". Qual a sua opinião em relação a essas afirmações?

4) O texto destaca que "a produção em grande escala deve ser prioridade das marcas para atender à expectativa desse consumidor" e que "as classes C e D, de fato, devem entrar na mira das fabricantes para que, então, passem a produzir produtos mais sustentáveis e com custos menores". Como você analisa estas duas frases?

5) O texto apresenta algumas ações de empresas pautadas em produtos com maior eficiência energética, redução no consumo de água e demonstra ao consumidor a economia que ele fará ao comprar produtos mais sustentáveis. Como você avalia toda essa movimentação que tem ocorrido no meio empresarial? Esse é o caminho para existir mais produtos sustentáveis e que, paralelamente, sejam econômicos? Por que algumas empresas trilham esse caminho enquanto outras parecem ignorá-lo?

6) Você acredita que preocupação com o meio ambiente é uma "moda"? O que você pensa sobre a afirmação de que "sustentabilidade ambiental e negócios caminham lado a lado"?

7) Qual é a sua opinião sobre o laminado vegetal, uma espécie de "couro vegetal" feito a partir de bagaço de uva? Você acredita que o produto possui qualidade suficiente para substituir o couro animal?

8) Qual a importância ambiental e econômica de um produto dessa natureza, ou seja, do laminado vegetal? O fato de evitar utilizar o couro de um animal tem importância para você?

9) Você conhece produtos semelhantes que substituem a matéria-prima de origem animal pela vegetal? Se sim, quais pro-

dutos? Qual o impacto das entidades protetoras dos animais na menor utilização de produtos de origem animal?

10) Qual é a importância do conhecimento científico para a elaboração de novos produtos a partir, muitas vezes, de novas matérias-primas? Como isso contribui para o processo de inovação de produtos?

11) Você já imaginou um "couro" sendo feito a partir de resíduos de vinho? Conhece outras alternativas de produtos advindas de matérias-primas pouco usuais?

12) Por que muitas empresas ainda se concentram nas matérias-primas clássicas e não se voltam para alternativas mais sustentáveis? Falta visão dos dirigentes?

13) Pode-se ter a falsa impressão de que as empresas não estão totalmente focadas em temas ambientais. No entanto, como interpretar as seguintes frases do texto: "Informações não financeiras têm papel fundamental ao escolher o destino final dos recursos" e "92% dos entrevistados concordam ou concordam muito que questões socioambientais e de governança têm impactos reais e quantificáveis a longo prazo nos resultados financeiros"? Está havendo uma mudança real por parte das empresas em termos de sustentabilidade ambiental?

14) O texto relata que há "falta de um padrão nas informações divulgadas" e que isso "atrapalha a tomada de decisão". Ainda é mencionado que, "quando se fala de dados financeiros existe uma padronização de como essas informações devem ser reportadas. Para dados socioambientais, não há um padrão que seja tão fechado para interpretações". Como criar padrões socioambientais que possam permitir tomada de decisões mais seguras por parte dos investidores?

15) Qual a importância de indicadores com o ISE, o índice de sustentabilidade da Bolsa de Valores de São Paulo?

16) Qual é o impacto direto de escândalos e catástrofes ambientais e sociais para os investidores?

10

Sustentabilidade e mercado consumidor

10.1 A sustentabilidade ambiental na vida dos consumidores

Embora varie de cultura para cultura, setores da sociedade exigem comprometimento maior das organizações e que elas mostrem serem capazes de incorporar o compromisso social em suas práticas, seja nas relações com os funcionários e demais *stakeholders*, seja no pagamento correto de impostos ou, ainda, na fabricação de produtos que gerem o mínimo impacto negativo ao meio ambiente. Além disso, é importante que a organização contribua para o desenvolvimento das comunidades do seu entorno, proporcionando oportunidade de emprego, melhoria da educação e saúde das pessoas.

Questiona-se se é possível manter a satisfação individual das pessoas ao mesmo tempo em que problemas sociais assolam a humanidade como a escassez de recursos naturais, serviços públicos deficientes, crescimento de cidades sem infraestrutura adequada, falta de água e saneamento básicos, formação de favelas e ampliação das desigualdades sociais. Se o *marketing* tradicional é capaz de satisfazer as necessidades individuais de seus consumidores ele historicamente pecava pela não abrangência das situações sociais.

Alves (2017b) elaborou um modelo em forma de "iceberg" para entendimento do consumo consciente. Em um *iceberg* podem ser distinguidas duas partes: uma parte visível em que se pode ver a "montanha de gelo", sua forma e espessura. E uma parte submersa pela água, invisível para quem está na superfície. Alguns estudiosos afirmam que cerca de 90% de um *iceberg* é composto pela "parte submersa" na água representando, por isso, um perigo à navegação.

De modo análogo ao *iceberg* original, pode-se entender como funciona o consumo consciente. A parte submersa do *"iceberg* do consumo consciente", de tamanho bem maior que a parte visível, é representada pela cultura e, para facilitar o entendimento, alguns aspectos são apresentados, como o comportamento do consumidor responsável e a educação ambiental. A *"parte submersa" é um aspecto abstrato* e é composta por ideias, pensamentos, atitudes e conhecimentos das pessoas e tem grande influência no desenvolvimento das ações humanas sendo, por isso, muitas vezes, difícil de se detectar e compreender, razão pela qual é apresentada no modelo da Figura 10.1 como a parte invisível do *iceberg*.

Por outro lado, a *"parte visível" é um aspecto concreto* e é composta por ações humanas que vão ocorrer, em maior ou menor intensidade, de acordo com a solidez verificada na "parte submersa" do *"iceberg* do consumo consciente". São listadas ações humanas características do consumo consciente como: responsabilidade social e ambiental nas organizações, uso inteligente dos recursos naturais, utilização de energias renováveis, desenvolvimento de produtos verdes e mobilidade urbana.

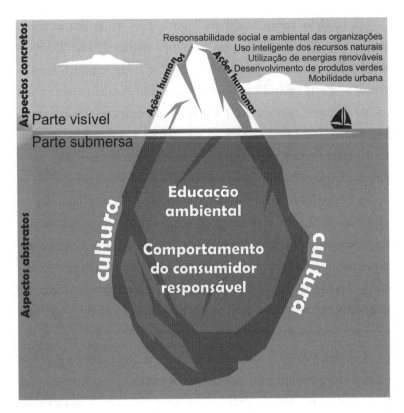

Figura 10.1 O *iceberg* do consumo consciente
Fonte: Alves, 2017b.

Quando os "aspectos abstratos" do consumo consciente são sólidos e consistes, como ocorrem em alguns países e regiões, as ações humanas (ou seja, os "aspectos concretos") igualmente serão sólidas e consistentes, refletindo em maior responsabilidade social e ambiental nas organizações, uso inteligente dos recursos naturais, maior utilização de energias renováveis, desenvolvimento de produtos mais verdes e preocupação e melhorias na mobilidade urbana.

O modelo apresentado na Figura 10.1 se aplica também para a situação contrária e/ou situações intermediárias. Da mesma forma, quando a "parte submersa" é frágil e pouco consistente, a "parte visível" também o será. Em outras palavras, em locais (países, regiões etc.) em que sua cultura está pautada em pouca atenção à educação ambiental e um comportamento do consumidor mais voltado para o consumismo, com poucas preocupações com a sustentabilidade social e ambiental, as ações humanas ("parte visível") também serão o reflexo dessas atitudes. Assim, as organizações serão menos responsáveis em termos socioambientais, haverá uso irracional dos recursos naturais, maior utilização de energias fósseis e com grande potencial poluidor, os produtos fabricados são geradores de diversos impactos ambientais negativos e a mobilidade urbana não é um item prioritário na agenda dos governos.

Pelo exposto anteriormente, verifica-se que a cultura é a base para o desenvolvimento das ações humanas e é o aspecto que mais influencia suas condutas. Sustentabilidade e desenvolvimento sustentável são termos que apresentam diferentes significados. Diferentes atores sociais podem compreendê-los de formas diversas, pois variam conforme a sua cultura, aprendizado e forma de entender a vida (HOPWOOD et al., 2005). Essas variações no entendimento ocorrem devido à cultura diferente desses atores sociais. Em relação a isso, Solomon (2016) destacou que a cultura pode ser entendida como um conjunto de significados, rituais, normas e tradições que são compartilhados entre os membros de uma organização ou sociedade.

Empresas, governos ou quaisquer instituições humanas são conduzidas por pessoas e naturalmente serão um reflexo da cultura, dos pensamentos e das condutas de seus dirigentes. Assim como existem bons e maus administradores, jornalistas, médicos etc., também existem "boas e más" empresas, governos e demais instituições humanas. O nível do "discurso sustentável" vai depender da crença, do sentimento e da responsabilidade de seus dirigentes em relação ao tema "meio ambiente em seu âmbito de atuação. Algumas empresas ou governos não farão nada a respeito de sustentabilidade. Outros, pior ainda: não farão nada e ainda terão a capacidade de mentir, iludindo os *stakeholders* e dizendo que são "amigos do meio ambiente", por meio da conhecida prática do *greenwashing* (lavagem verde). Mas, como diziam os antepassados, "mentira tem perna curta" e um dia é descoberta e o estrago para a imagem institucional pode ser grande (ALVES, 2017b).

Algumas empresas ou governos irão fazer o básico em relação à sustentabilidade e promoverão apenas pequenas melhorias, talvez atendendo a alguma legislação específica. Outras instituições serão proativas e pioneiras: além do exigido pela lei passarão também a incorporar a cultura sustentável em suas rotinas produtivas. Com o tempo, pensando no avanço das exigências legais e mercadológicas em relação às questões ambientais e com o maior volume de informações sobre sustentabilidade que adquirem as empresas e governos (por meio de seus dirigentes e empregados), e também os demais *stakeholders*, a tendência é que mais instituições (empresas, governos, ONG's) atinjam patamares maiores de sustentabilidade.

10.2 Influência da cultura nas decisões de compras sustentáveis

A capacidade do ser humano de criar, desenvolver e transformar a cultura que o cerca é que o distingue dos demais seres vivos, constituindo um elemento essencialmente humano e a marca de sua sociedade. Expandindo um pouco esse raciocínio, pode-se dizer que cada ser humano, em particular, é um ser único, com uma história de vida única, pensamentos e experiências de vida inigualáveis.

As pessoas não nascem com uma cultura e sim aprendem uma cultura. Ela é transmitida através das gerações e influencia os futuros membros da sociedade. A cultura inclui quase tudo que influencia os processos mentais de um indivíduo e, por isso, afeta boa parte dos comportamentos das pessoas e, consequentemente, dos consumidores.

Os indivíduos consomem produtos e serviços sem refletirem sobre o que estão fazendo porque, do ponto de vista deles, estão realmente fazendo coisas naturais e até certo ponto automáticas, como dirigir, comer ou brincar. Eles raramente entendem seu comportamento como "consumidor" (WARDE, 2005).

As possibilidades de consumo não podem ser compreendidas sem considerar o contexto cultural, haja vista que a cultura é a "lente" por meio da qual as pessoas enxergam o mundo. Por outro lado, o efeito da cultura sobre o comportamento das pessoas é tão grande e de tão longo alcance que sua importância é difícil de entender (ALVES et al., 2011; SOLOMON, 2016).

Em linhas gerais, cultura pode ser definida como um conjunto de padrões de comportamento socialmente adquiridos, transmitidos simbolicamente aos membros de determinada sociedade por vários meios, inclusive a linguagem. A maneira de se vestir, divertir, pensar, comer, e agir em relação ao meio ambiente faz parte de uma cultura (ALVES et al., 2011). A cultura é um conceito abrangente, pois, segundo Hawkins et al. (2007), está relacionada com quase tudo que influencia os processos mentais e os comportamentos de uma pessoa. Ela influencia não apenas as preferências dos indivíduos, mas a maneira como as decisões são tomadas e até como se percebe o mundo à sua volta.

A cultura não é estática, uma vez que ela muda com o tempo e, assim, as pessoas vão se adaptando. Ela adquire novas características e descarta algumas, a fim de construir uma nova base cultural. Dessa forma, a questão ambiental que até pouco tempo era vista com indiferença, pois não tinha a menor importância sob a ótica de gerações passadas, passa a ser um assunto de interesse na pauta de alguns governos, empresas e indivíduos. Para alguns destes é um tema extremamente relevante e essencial, para outros nem tanto.

10.3 A relação entre a cultura e a educação ambiental

A cultura supre as pessoas com valores e elas raramente têm consciência da cultura que as envolve, pois se comportam, pensam e sentem de modo coerente aos outros membros da mesma cultura, porque parece "normal" e "natural" agir dessa maneira. A cultura influencia o comportamento de um indivíduo dentro da família, com os pares, os amigos e a comunidade.

De acordo com Verplanken e Holland (2002), mesmo em países relativamente mais ricos, os valores são "condição necessária, mas não suficiente" para ativar o comportamento de sustentabilidade. Esse comportamento também é influenciado pela consciência do problema e pelas condutas individuais (NORDLUND; GARVILL, 2003) e exigem mudanças políticas e culturais (HUPPES; ISHIKAWA, 2009). Para Hofstede (1984), os valores culturais mudam ao longo do tempo e mudam para o individualismo à medida que a riqueza aumenta. Outros fatores que contribuem são mudanças no ambiente socioeconômico, instituições e experiências vivenciadas de diferentes gerações, incluindo experiências educacionais.

Sobre esse aspecto, pode-se dizer que sociedades com sistemas capitalistas e competitivos, como a de países ocidentais como os Estados Unidos, Europa e países da América do Sul como o Brasil, em geral promovem o "eu pessoal" e o sucesso individual; por outro lado, sociedades com uma orientação social coletiva como a de países asiáticos, africanos e em algumas localidades da América do Sul promovem a ideia de "pertencimento a um grupo" (SEELEY, 1992; TRIANDIS; SUH, 2002).

Essas diferenças culturais irão "moldar" os sistemas educacionais desses países, e, por conseguinte, a educação ambiental praticada neles, fazendo com que as pessoas tenham diferentes comportamentos, tanto entre os grupos ("eu pessoal" e "pertencimento a um grupo"), como dentro dos próprios grupos.

Sachs (2000) destacou que dentre os pressupostos do desenvolvimento sustentável, fundamentais para a materialização de sua implementação ideal, o pressuposto cultural tem uma relevância ímpar, pois atua como mediadora entre a sociedade e a natureza. Além disso, o pressuposto cultural também está relacionado com outra importante variável, que é o estilo de vida, o qual reflete um padrão de consumo.

Analisando o que foi apresentado sob o prisma do mundo empresarial, Backer (2002) destacou que a formação de profissionais visando à solução de problemas criados pela atividade econômica ao meio ambiente era quase inexistente nas faculdades, tempos atrás. No entanto, isso tem mudado e levado a uma ação pedagógica que tem por objetivo modificar os comportamentos e decisões em relação ao ecossistema.

Como em diversas outras situações, muitos desses processos iniciam primeiramente em países mais desenvolvidos para, posteriormente, serem difundidos em países em desenvolvimento, em um segundo momento; finalmente, tornam-se padrão no restante do mundo.

10.4 As cápsulas biodegradáveis de café

De solução prática para se fazer um café rápido, as cápsulas de café se transformaram rapidamente em um dos maiores vilões da sustentabilidade ambiental devido ao volume de lixo, sem possibilidade de reciclagem.

Os cafés em cápsulas individuais têm gerado muita polêmica em relação ao desperdício de materiais para a fabricação e quantidade de resíduos descartados. A repercussão foi tamanha que em algumas cidades foi até proibida a sua comercialização como em Hamburgo, no norte da Alemanha.

Para resolver esse problema, ao mesmo tempo em que mantém o prazer e a facilidade das máquinas individuais de café, uma empresa canadense chamada Club Coffee criou o PurPod100, uma cápsula 100% biodegradável. A embalagem foi desenvolvida em parceria com os pesquisadores da Universidade de Guelph (Canadá), sendo certificada por organizações canadenses e norte-americanas. A empresa garante ser a única a oferecer cápsulas totalmente biodegradáveis no mundo (CICLO VIVO, 2018e).

Enquanto as embalagens tradicionais são feitas com plástico ou alumínio, a PurPod100 é feita com o próprio resíduo do café. As cascas retiradas no processo de torra formam um bioplástico, que é a base para a cápsula. Isso significa que não são necessárias novas matérias-primas e esse é o segredo para que sejam biodegradáveis. A Club Coffee garante que as cápsulas podem ser descartadas junto com os resíduos orgânicos ou usadas na compostagem, já que possui nutrientes que colaboram com o desenvolvimento das plantas. Em apenas 84 dias, o solo já não tem mais nenhum traço aparente da cápsula (CICLO VIVO, 2018e).

10.5 Os pratos feitos de coroas de abacaxi e de folhas

Na mesma linha de produtos feitos de matérias-primas que podem ser decompostas após o seu uso, estão os pratos biodegradáveis feitos de coroas de abacaxi. É uma tecnologia inteligente que faz com que pratos e talheres tenham um destino muito mais nobre do que a lixeira aos utensílios descartáveis. Os pratos são feitos a partir de cascas de milho e coroas de abacaxi e, após o seu uso, os produtos podem ser plantados e viram grama, flores e ervas.

Criada pela *startup* Lifepack e batizada de Papelyco, a linha de pratos e talheres ainda pode ser reciclada, caso o usuário não queira "plantá-la". Mas se a escolha for plantar, o fabricante garante que em poucos dias é possível ver resultados práticos no jardim. Assim como as xícaras que são feitas a partir de pó de café, a proposta do produto é utilizar materiais que seriam jogados fora como matéria-prima para suas mercadorias.

A ideia desse empreendimento foi de um casal de colombianos que arrecadaram US$ 50 mil via financiamento coletivo para criar a empresa e dar vida à tecnologia que idealizavam. O casal, um engenheiro industrial e uma advogada, ficavam incomodados por não encontrar alternativas aos plásticos e papéis descartáveis que ficam nas estantes dos supermercados. Eles disseram que sempre se consideraram ecológicos e por isso se preocuparam com a contaminação causada por produtos descartáveis, especialmente o plástico (THE GREENEST POST, 2018c).

A *startup* fica localizada na Colômbia e os talheres e pratos que viram plantas já são comercializados nos supermercados locais. A empresa também se preocupa com a responsabilidade social. Cerca de 25 mães sustentam seus filhos graças ao emprego que mantém na empresa na Colômbia.

Uma iniciativa parecida também ocorre na Tailândia. A preocupação com o uso crescente de artigos descartáveis incentivou uma equipe de pesquisa da Universidade de Naresuan a desenvolver um processo para fazer tigelas de comida biodegradáveis a partir de folhas.

Professores da faculdade de engenharia passaram mais de um ano desenvolvendo o processo, até produzir, finalmente, pratos de folhas capazes de substituir os recipientes plásticos. Por tentativa e erro, a equipe descobriu que folhas da *tanga kwao*, *sak* e *sai*, típicas da região, são as melhores opções para produzir as peças (THE GREENEST POST, 2018d).

A inspiração para desenvolver estes recipientes ecológicos veio de uma visita a um templo no Norte, onde foram vistas enormes pilhas de descarte. Os pratos são feitos apenas com materiais naturais. No lugar do verniz, por exemplo, as cientistas usaram o próprio amido para dar mais resistência e brilho aos utensílios.

Os pratos suportam até água quente, não vazam e se degradam naturalmente depois de serem descartados, de preferência onde haja vegetação, já que a sua decomposição não afetará negativamente o solo e outros organismos naturais, garantem os pesquisadores. O decano da faculdade disse que a universidade fará uma parceria com a prefeitura para promover o uso desses artigos nos festivais públicos de comida, organizados durante o Sonkran e o Ano Novo (THE GREENEST POST, 2018e).

10.6 O produto verde que agrega valor para o cliente

Quando se pensa em sustentabilidade ambiental no Brasil uma das primeiras empresas que certamente vêm à mente é a Natura. No entanto, ela não é a única empresa de cosméticos do país a trabalhar com afinco para tornar suas operações "mais verdes". Uma outra empresa que segue caminho parecido é o Grupo Boticário que elaborou um plano de sustentabilidade com horizonte de 12 anos e que começa a ser colocado em prática e envolve todas as áreas da empresa.

Até 2024, a empresa deve rever suas embalagens e as matérias-primas usadas na composição dos produtos, tendo como foco torná-las mais sustentáveis. A ideia é fazer a análise do ciclo de vida ou ACV dos produtos, ou seja, o levantamento dos impactos ambientais de um produto ou embalagem ao longo de toda a sua vida, desde a extração das matérias-primas que o compõem até sua decomposição. O Boticário também pretende traçar uma estratégia de logística reversa dos produtos, estabelecendo uma forma de trazer de volta para as unidades da empresa e aproveitar os materiais descartados nas lojas e, possivelmente, pelo consumidor (ÉPOCA NEGÓCIOS, 2017).

Uma outra estratégia está relacionada com as lojas das marcas do grupo. Pretende-se desenvolver ações que envolvam os consumidores com a questão ambiental, de uma forma mais indireta e sutil, diferentemente do que faz a Natura. O terceiro pilar da estratégia, um pouco mais comum, diz respeito ao aumento da eficiência nas operações do grupo. O objetivo é consumir de forma mais eficiente energia e água e reduzir as emissões de gases de efeito estufa (ÉPOCA NEGÓCIOS, 2017).

10.7 Solidariedade e sustentabilidade ambiental

Praticar a solidariedade é uma atitude que pode ser feita por qualquer pessoa e, em alguns casos, pode ter estreita relação com a sustentabilidade ambiental. É o caso de umas senhoras norte-americanas que há vários anos, todas as quintas-feiras, reúnem-se para tricotar colchões para moradores de rua.

As senhoras vivem no Tennessee, EUA, e fazem os colchões a partir de sacos e sacolas plásticas usadas, as mesmas que embalam as compras em supermercados. Para obterem a "matéria-prima" de que necessitam, elas contam com o apoio da população que, ao invés de descartá-las no lixo, guardam as sacolas plásticas para as idosas, que posteriormente irão transformá-las em confortáveis colchões para quem não possui um teto para se abrigar.

Para se fazer um colchão adulto são necessários 600 sacos plásticos, aproximadamente. Pode parecer muito, mas apenas em 2016, as senhoras tricotaram quase 90 colchões e sempre estão com matéria-prima excedente. O volume de sacolas plásticas doadas é grande, o que faz com que as idosas não deem conta de transformar todas elas em colchões para quem precisa. E isso porque a turma de senhoras, batizada de *Bag Ladies*, já dobrou de tamanho desde que foi criada, em 2014 (THE GREENEST POST, 2018e).

Como solução, elas resolveram publicar, no site da *Second Baptist Church* (onde se encontram para tricotar), o passo a passo para fazer os colchões de sacola plástica. A ideia é que as pessoas comecem a montar seus próprios grupos de produção, para que as sacolinhas não fiquem amontoadas em um depósito, enquanto tantos precisam de ajuda nas ruas (THE GREENEST POST, 2018e).

Uma outra iniciativa envolvendo solidariedade e sustentabilidade ambiental é brasileira e ocorre em São Paulo.

Em parceria com a agência Grey, a ONG Banco de Alimentos criou a iniciativa Delivery Reverso, ação bem inovadora que visa arrecadar alimentos para as pessoas que têm fome. A Pizzaria Veridiana, em São Paulo, foi a primeira a aderir à iniciativa. De acordo com a fundadora e presidente da Banco de Alimentos, o objetivo da ação é criar uma rede de solidariedade (THE GREENEST POST, 2018f).

Quando um cliente pede uma entrega na rede de restaurantes participantes, ele é consultado sobre o interesse em doar algum alimento que tem em casa para aqueles que têm fome. A própria ONG vai buscar a comida em domicílio e providencia sua distribuição para entidades beneficentes. Qualquer estabelecimento que oferece o serviço de *delivery* e tem interesse em colaborar pode se cadastrar no site. Pizzarias e restaurantes japoneses já participam da iniciativa (THE GREENEST POST, 2018f).

EXERCÍCIOS

1) Você toma café? Se sim, caso utilize as cápsulas individuais de café, já parou para pensar no que fazer com as embalagens utilizadas? Qual a destinação dada a elas?

2) Qual a sua opinião sobre as cápsulas biodegradáveis de café? Seu fabricante destaca que possui um diferencial, pois "enquanto as embalagens tradicionais são feitas com plástico ou alumínio, a PurPod100® é feita com o próprio resíduo do café. As cascas retiradas no processo de torra formam um bioplástico, que é a base para a cápsula. Isso significa que não são necessárias novas matérias-primas, e que esse é o segredo para que sejam biodegradáveis". O que você pensa a respeito?

3) "A embalagem foi desenvolvida em parceria com os pesquisadores da Universidade de Guelph (Canadá), sendo certificada por organizações canadenses e norte-americanas". Qual a importância da parceria de uma empresa com a universidade? Conhece exemplos parecidos em nosso país? Qual é a importância da certificação descrita no texto?

4) Caso a tecnologia seja comprovadamente eficiente, você acredita que ela deveria ser disseminada para outros países? Quais os benefícios ambientais e econômicos?

5) Qual a sua opinião sobre a possibilidade de se fabricar produtos a partir de matérias-primas orgânicas como no caso apresentado no texto, ou seja, feito a partir de cascas de milho, coroas de abacaxi ou pó de café? Quais os possíveis ganhos ambientais e econômicos?

6) O texto destaca que o casal de colombianos, responsável pela *startup*, arrecadou "US$ 50 mil via financiamento coletivo para criar a empresa e dar vida à tecnologia que idealizava". Diversos empreendimentos têm surgido por meio de financiamento coletivo. Quais as principais características que uma *startup* deve possuir para "convencer" os investidores a financiarem coletivamente seu projeto?

7) Você conhece (ou já leu) iniciativas semelhantes à do casal de colombianos? Quais os tipos de produto? Você acredita que a tecnologia envolvida nesses produtos lhes dá a qualidade necessária para desempenhar sua funcionalidade? Justifique sua resposta.

8) As universidades, com seu corpo técnico qualificado, têm condições de inovar e desenvolver produtos mais sustentáveis. Como a sociedade, e especificamente empresas e governos, podem se aproveitar desse *know-how* das universidades. Em nosso país são comuns as parcerias com as universidades?

9) O capítulo mostra um exemplo a partir de folhas de árvores, com a confecção de pratos. Você conhece produtos e tecnologias parecidas?

10) As duas empresas brasileiras listadas no capítulo (Natura® e O Boticário®) são conhecidas por sua relação com a sustentabilidade e buscam elaborar produtos mais sustentáveis. Você conhece outras empresas afinadas com o discurso (e a prática, logicamente) sustentável? Que setores possuem mais empresas sustentáveis em nosso país? Em contraposição, que setores possuem as empresas menos sustentáveis?

11) Qual é a importância de se fazer a Análise do Ciclo de Vida dos produtos (ACV)? Isso contribui para o planejamento de produtos e processos de produção em uma empresa?

12) Qual é a importância das certificações e rotulagens ambientais e qual a diferença delas para a autocertificação? Qual possui mais credibilidade? De um modo geral, o consumidor está atento às certificações?

13) Comente sobre a importância da junção de conhecimento, criatividade e inovação no desenvolvimento de produtos mais verdes. Existem pessoas que possuem conhecimento, mas têm pouca criatividade? Por outro lado, há pessoas que possuem criatividade, mas sem conhecimento sobre determinado assunto? E como usar o conhecimento e a criatividade para, na prática, inovarem nos produtos e processos mais verdes?

14) Qual é a sua opinião sobre a importância de se unir aspectos ecológicos e econômicos no desenvolvimento de um produto verde? Qual aspecto prevalece em suas compras, o ecológico ou o econômico? Qual a importância de etiquetas ecológicas que mensuram o consumo energético dos produtos? Você baseia suas compras nessas etiquetas? O aspecto ambiental (menor consumo) em sintonia com o aspecto econômico (menor gasto de energia elétrica) pode ajudar a sensibilizar o consumidor para adquirir um produto mais verde?

15) Como o poder público poderia ajudar no estímulo de desenvolvimento de produtos mais verdes? Como poderia ser a contribuição ao privilegiar produtos verdes em licitações? Haveria espaço para redução tributária de produtos mais verdes? Qual sua opinião a respeito?

16) A exemplo do que foi apresentado no capítulo, existem diversos casos envolvendo iniciativas de solidariedade e sustentabilidade ambiental? Que outros casos você conhece ou já leu a respeito?

17) O trabalho dos idosos deve ser sempre valorizado. Em muitos casos eles possuem tempo disponível, além da experiência de vida, que pode ser bem aproveitada em situações como a descrita no estudo de caso. Você conhece (ou já leu a respeito) trabalhos semelhantes de grupo de idosos em sua cidade ou em nosso país, mesmo que não sejam diretamente associados à sustentabilidade ambiental?

18) Hoje em dia a solidariedade tem extrapolado o mundo físico e adentrado no mundo virtual. Existem diversos sites de economia compartilhada, bem como páginas em redes sociais que promovem a venda de produtos, consertos ou mesmo a doação de bens. Quais dessas iniciativas você conhece? Participa de alguma comunidade ou página em redes sociais do tipo "troca-troca" ou "doa-se"? Quais os benefícios ambientais e econômicos de redes de compradores e vendedores desse tipo?

19) Você conhece iniciativas semelhantes à apresentada no capítulo (Delivery Reverso) envolvendo restaurantes, lanchonetes e demais tipos de empresa? Como isso ocorre?

20) Instituições religiosas e filantrópicas também apresentam iniciativas desse tipo. Qual a importância delas e como as pessoas e empresas podem se engajar?

Referências

AKATU. Energias renováveis já são mais baratas do que combustíveis fósseis [Disponível em http://www.akatu.org.br/Temas/Energia/Posts/Energias-renovaveis-ja-sao-mais-baratas-do-que-combustiveis-fosseis – Acesso em 17/01/2017].

ALMEIDA, F. *Os desafios da sustentabilidade:* uma ruptura urgente. Rio de Janeiro: Elsevier Campus, 2007, 280 p.

_____. *O bom negócio da sustentabilidade.* Rio de Janeiro: Nova Fronteira, 2002, 191 p.

ALVES, R.R. *Marketing ambiental:* sustentabilidade empresarial e mercado verde. Barueri: Manole, 2017a, 257 p.

_____. *Consumo consciente:* Por que isso nos diz respeito? São Gabriel, RS: Administração Verde (Edição do Autor), 2017b, 436 p.

_____. *Administração verde:* o caminho sem volta da sustentabilidade ambiental nas organizações. Rio de Janeiro: Elsevier, 2016, 296 p.

ALVES, R.R.; JACOVINE, L.A.G.; NARDELLI, A.M.B. & SILVA, M.L. *Consumo verde:* comportamento do consumidor responsável. Viçosa: Editora UFV, 2011, 134 p.

ARCHDAILY. França inaugura sua primeira rodovia solar que gera energia para uma cidade [Disponível em: http://www.archdaily.com.br/br/806666/franca-inaugura-sua-primeira-rodovia-solar-que-gera-energia-para-uma-cidade – Acesso em 25/03/2017].

AUTO ESPORTE. Montadoras vão financiar postos de carregamento para carros elétricos [Disponível em http://g1.globo.com/carros/

noticia/2016/11/montadoras-vao-financiar-postos-de-carregamento-para-carros-eletricos.html – Acesso em 20/01/2017].

BACKER, P. *Gestão ambiental* – A administração verde. Rio de Janeiro: Qualitymark, 2002, 248 p.

BARBIERI, J.C. *Gestão ambiental empresarial:* conceitos, modelos e instrumentos. 4. ed. São Paulo: Saraiva, 2016, 316 p.

BARCZAK, R. & DUARTE, F. Impactos ambientais da mobilidade urbana: cinco categorias de medidas mitigadoras. *Urbe* – Revista Brasileira de Gestão Urbana, vol. 4, n. 1, 2012, p. 13-32.

BAZANI, A. Mobilidade urbana: estudo mostra iniciativas de 15 cidades [Disponível em https://diariodotransporte.com.br/2013/05/14/mobilidade-urbana-estudo-mostra-iniciativas-de-15-cidades/ – Acesso em 21/01/2017].

BRAUNGART, M. & McDONOUGH, W. *Cradle to cradle:* criar e reciclar ilimitadamente. São Paulo: G. Gili, 2013, 192 p.

BRT DATA [Disponível em http://brtdata.org/location/europe/france/lyon – Acesso em 21/01/2017].

CHANG, N.B.; RIVERA, B.J. & WANIELISTA, M.P. Optimal design for water conservation and energy savings using green roofs in a green building under mixed uncertainties. *Journal of Cleaner Production,* vol. 19, n. 11, 2011, p. 1.180-1.188.

CHIAVENATO, I. *Recursos humanos:* o capital humano das organizações. 9. ed. Rio de Janeiro: Elsevier, 2009, 506 p.

CICLO VIVO. Barcelona planeja dobrar seu número de árvores até 2020 [Disponível em http://ciclovivo.com.br/noticia/barcelona-planeja-dobrar-populacao-de-arvores-ate-2020/ – Acesso em 31/01/2018a].

_____. Principal rua de Madri terá mais espaço para calçadas, árvores e bicicletas [Disponível em http://ciclovivo.com.br/noticia/principal-rua-de-madri-tera-mais-espaco-para-calcadas-arvores-e-bicicletas/ – Acesso em 31/01/2018b].

_____. Berlim irá construir superciclovias que ligam o centro aos subúrbios da cidade [Disponível em http://ciclovivo.com.br/noticia/

berlim-ira-construir-super-ciclovias-que-ligam-o-centro-aos-suburbios-da-cidade/ – Acesso em 31/01/2018c].

_____. Servidor que vai de bike até o trabalho ganha folga extra em Salvador [Disponível em http://ciclovivo.com.br/noticia/em-salvador-servidor-que-vai-pedalando-ate-o-trabalho-tem-folga-extra/ – Acesso em 31/01/2018d].

_____. Empresa canadense é a primeira do mundo a produzir cápsulas biodegradáveis para café [Disponível em http://ciclovivo.com.br/noticia/empresa-canadense-e-a-1a-do-mundo-a-produzir-capsulas-biodegradaveis-para-cafe/ – Acesso em 01/02/2018e].

_____. Energias renováveis já são mais baratas do que combustíveis fósseis [Disponível em http://ciclovivo.com.br/noticia/energias-renovaveis-ja-sao-mais-baratas-do-que-combustiveis-fosseis/ – Acesso em 17/01/2017a].

_____. Casa gera sua própria energia, reaproveita toda água e produz alimentos [Disponível em http://ciclovivo.com.br/noticia/casa-produz-sua-propria-energia-reaproveita-toda-agua-e-produz-alimentos/ – Acesso em 03/05/2017b].

_____. Energia renovável tem potencial para cobrir demanda energética global até 2050 [Disponível em http://ciclovivo.com.br/noticia/100-da-energia-renovavel-do-mundo-e-mais-rentavel-do-que-os-atuais-sistemas-diz-estudo/ – Acesso em 03/12/2017c].

_____. Mil residências em Santa Catarina ganham sistemas de energia solar [Disponível em http://ciclovivo.com.br/noticia/mil-residencias-em-santa-catarina-ganham-sistemas-de-energia-solar/ – Acesso em 05/12/2017d].

_____. Montadoras se unem para instalar rede de recarga de veículos elétricos em toda a Europa [Disponível em http://ciclovivo.com.br/noticia/montadoras-se-unem-para-instalar-rede-de-recarga-de-veiculos-eletricos-em-toda-a-europa/ – Acesso em 22/12/2017e].

_____. Alemanha vai construir maior estação de recarga de carros elétricos do mundo [Disponível em http://ciclovivo.com.br/noticia/alemanha-vai-construir-maior-estacao-de-recarga-de-eletricos-do-mundo/ – Acesso em 30/12/2017f].

_____. Suécia inaugura *shopping* que só vende produtos de segunda mão [Disponível em http://ciclovivo.com.br/noticia/suecia-inaugura-shopping-que-so-vende-produtos-de-segunda-mao/ – Acesso em 28/08/2016].

CIDADES SUSTENTÁVEIS [Disponível em http://cidadessustentaveis. org.br – Acesso em 21/01/2017].

DAHLSTROM, R. *Gerenciamento de marketing verde*. São Paulo: Cengage Learning, 2011, 372 p.

DEUTSCHLAND.Ajudantesverdesparaolar[Disponívelemhttps://www. deutschland.de/pt/topic/economia/inovacao-tecnologia/ajudantes-verdes-para-o-lar – Acesso em 17/01/2017].

DIAS, R. *Gestão ambiental:* responsabilidade social e sustentabilidade. 2. ed. São Paulo: Atlas, 2011, 232 p.

DICKSON, P.R. Ambiente de *marketing* e responsabilidade social. In: CZINKOTA, M.R.; DICKSON, P.R.; DUNNE, P. et al. *Marketing:* as melhores práticas. Porto Alegre: Bookman, 2001, p. 42-71.

DONAIRE, D. *Gestão ambiental na empresa*. 2. ed. São Paulo: Atlas, 2009, 176 p.

DW [DEUTSCHE WELLE]. Pfand: reciclar ganhando dinheiro [Disponível em http://www.dw.com/pt-br/alemanices-pfand-reciclar-ganhando-dinheiro/a-38345207 – Acesso em 02/05/2017].

ECYCLE. Presos transformam bicicletas roubadas em cadeiras de rodas para quem não pode comprar [Disponível em http://www.ecycle.com. br/component/content/article/35-atitude/5433-presos-transformam-bicicletas-roubadas-em-cadeiras-de-rodas-para-quem-nao-pode-comprar.html?lb=no – Acesso em 23/02/2017].

EL PAÍS. Como as capitais europeias delimitam o trânsito no centro – Itália, Alemanha, França e Reino Unido modificam suas cidades a favor dos pedestres [Disponível em http://brasil.elpais.com/brasil/2014/09/22/ sociedad/1411380637_487359.html – Acesso em 28/01/2017].

ÉPOCA. Se EUA não se prepararem para uma economia limpa, ficarão para trás [Disponível em http://epoca.globo.com/ciencia-e-meio-ambiente/blog-do-planeta/noticia/2017/02/se-eua-nao-se-prepararem

-para-uma-economia-limpa-ficarao-para-tras.html – Acesso em 25/03/2017].

ÉPOCA NEGÓCIOS. Grupo Boticário quer ficar mais sustentável [Disponível em http://colunas.revistaepocanegocios.globo.com/empresa verde/2013/03/01/grupo-boticario-quer-ficar-mais-verde/> – Acesso em 30/01/2017].

EXAME. França proíbe venda de copos e pratos plásticos descartáveis [Disponível em https://exame.abril.com.br/mundo/franca-proibe-venda-de-copos-e-pratos-plasticos-descartaveis/ – Acesso em 07/12/2017].

FISCHER, G.; TUBIELLO, F.N.; VAN VELTHUIZEN, H. & WIBERG, D.A. Climate change impacts on irrigation water requirements: effects of mitigation, 1990-2080. *Technological Forecasting and Social Change*, vol. 74, n. 7, set./2007, p. 1.083-1.107.

FOLHA DE S. PAULO. Cresce preocupação de investidores com dados ambientais de empresas [Disponível em http://www1.folha.uol.com.br/mercado/2017/08/1907735-cresce-preocupacao-de-investidores-com-dados-ambientais-de-empresas.shtml – Acesso em 13/12/2018].

_____. Para especialistas, reciclagem deveria começar na concepção do produto [Disponível em http://www1.folha.uol.com.br/seminariosfolha/2016/06/1783923-para-especialistas-reciclagem-deveria-comecar-na-concepcao-do-produto.shtml – Acesso em 05/12/2017a].

_____. Transição imediata para energia limpa conteria mudança climática, diz estudo [Disponível em http://www1.folha.uol.com.br/ambiente/2017/08/1912298-transicao-imediata-para-energia-limpa-conteria-mudanca-climatica-diz-estudo.shtml?utm_source=meio&utm_medium=email – Acesso em 11/12/2017b].

FRAJ, E. & SALINAS, E.M. *Comportamiento del consumidor ecológico*. Madri: Escuela Superior de Gestión Comercial y Marketing, 2002, 268 p.

G1. Empresário do setor de reciclagem investe em lixo de pequenas fábricas [Disponível em http://g1.globo.com/economia/pme/pequenas-empresas-grandes-negocios/noticia/2017/04/empresario-do-setor-de-reciclagem-investe-em-lixo-de-pequenas-fabricas.html – Acesso em 01/05/2017].

GLOBO.COM. Nova York ganha nova linha de metrô depois de 112 anos de espera [Disponível em http://g1.globo.com/jornal-nacional/noticia/2017/01/nova-york-ganha-nova-linha-de-metro-depois-de-112-anos-de-espera.html – Acesso em 20/01/2017].

HALSNAES, K.; SHUKLA, P.; AHUJA, D.; AKUMU, G.; BEALE, R.; EDMONDS, J.; GOLLIER, C.; GRÜBLER, A.; DUONG, M.H.; MAR-KANDYA, A.; McFARLAND, M.; NIKITINA, E.; SUGIYAMA, T.; VILLAVICENCIO, A.; ZOU, J. Climate change 2007: Framing issues. In: INTERGOVERNMENTAL PANEL ON CLIMATE CHANGE [IPCC]. *Climate change 2007: Mitigation* – Contribution of Working Group III to the Fourth Assessment Report of the Intergovernmental Panel on Climate Change. Cambridge/Nova York: United Kingdom/University Press, 2007, p. 117-168.

HARMAN, W. & HORMANN, J. *O trabalho criativo* – O papel construtivo dos negócios numa sociedade em transformação. 15. ed. São Paulo: Cultrix, 1998, 233 p.

HAWKINS, Del I.; MOTHERSBAUGH, D.L. & BEST, R.J. *Comportamento do consumidor* – Construindo a estratégia de marketing. Rio de Janeiro: Elsevier Campus, 2007, 528 p.

HOFSTEDE, G. The cultural relativity of the quality of life concept. *Academy of Management Review*, vol. 9, n. 3, jul./1984, p. 389-398.

HOPWOOD, B.; MELLOR, M. & O'BRIEN, G. Sustainable development: mapping different approaches. *Sustainable Development*, vol. 13, n. 1, fev./2005, p. 38-52.

HUPPES, G. & ISHIKAWA, M. Eco-efficiency guiding micro-level actions towards sustainability: ten basic steps for analysis. *Ecological Economics*, vol. 68, n. 6, 2009, p. 1.687-1.700.

HYPESCIENCE [Disponível em http://hypescience.com/fumaca-dos-escapamentos-dos-carros-e-culpada-por-grande-parte-dos-ataques-cardiacos/ – Acesso em 20/01/2017].

KOTLER, P. & ARMSTRONG, G. *Princípios de marketing*. 15. ed. São Paulo: Pearson, 2015, 780 p.

KOTLER, P. & KELLER, K.L. *Administração de marketing*. 14. ed. São Paulo: Pearson, 2013, 794 p.

LEITE, P.R. *Logística reversa:* meio ambiente e competitividade. 3. ed. São Paulo: Saraiva, 2017, 360 p.

LITMAN, T. Smart transportation emissions reductions strategies: identifying truly optimal ways to conserve energy and reduce emissions [Disponível em http://www.vtpi.org/ster.pdf – Acesso em 20/01/2017].

LUFTHANSA. Compensação das emissões de carbono [Disponível em http://www.lufthansa.com/pt/pt/Compensacio-das-emissoes-de-carbono – Acesso em 20/01/2017].

MICHAELIS. *Michaelis Dicionário Prático* – Língua portuguesa, nova ortografia. 2. ed. São Paulo: Melhoramentos, 2012, 951 p.

NASCIMENTO, L.F.; LEMOS, A.D.C. & MELLO, M.C.A. *Gestão socioambiental estratégica*. Porto Alegre: Bookman, 2008, 229 p.

NORDLUND, A.M. & GARVILL, J. Effects of values, problem awareness, and personal norm on willingness to reduce personal car use. *Journal of Environmental Psychology*, vol. 23, n. 4, dez./2003, p. 339-347.

O ECO. Latas de aerossol de aço agora seguem o caminho da reciclagem [Disponível em http://www.oeco.org.br/reportagens/28291-latas-de-aerossol-de-aco-agora-seguem-o-caminho-da-reciclagem – Acesso em 28/01/2018].

OTTMAN, J.A. *As novas regras do marketing verde:* estratégias, ferramentas e inspiração para o branding sustentável. São Paulo: M. Books, 2012, 328 p.

PEGN – PEQUENAS EMPRESAS E GRANDES NEGÓCIOS. Reciclagem de lixo eletrônico, o e-lixo, é oportunidade de mercado [Disponível em http://g1.globo.com/economia/pme/noticia/2012/10/reciclagem-de-lixo-eletronico-o-e-lixo-e-oportunidade-de-mercado.html – Acesso em 28/01/2018].

PENSAMENTOVERDE.Empresasdesenvolvemtelhaquesubstituiasplacas solares [Disponível em http://www.pensamentoverde.com.br/arquitetura-verde/empresas-desenvolvem-telha-que-substitui-placas-solares – Acesso em 27/01/2018a].

_____. Estocolmo é modelo de cidade sustentável na Europa [Disponível em http://www.pensamentoverde.com.br/cidades-sustentaveis/estocolmo-modelo-cidade-sustentavel-europa/ – Acesso em 30/01/2018b].

_____. Uso de energia limpa pode reduzir produção de petróleo e carvão, aponta estudo [Disponível em http://www.pensamentoverde.com.br/sustentabilidade/uso-de-energia-limpa-pode-reduzir-producao-de-petroleo-e-carvao-aponta-estudo/?utm_source=facebook.com&utm_medium=timeline&utm_campaign=quente&utm_content=petroleo-combustiveis – Acesso em 25/03/2017a].

_____. Impacto das embalagens: O que fazer com os problemas gerados no meio ambiente? [Disponível em http://www.pensamentoverde.com.br/meio-ambiente/impacto-das-embalagens-o-que-fazer-com-os-problemas-gerados-no-meio-ambiente/ – Acesso em 09/12/2017b].

_____. Estudante que desenvolveu projeto para limpar oceanos deve colocá-lo em prática em 2018 [Disponível em http://www.pensamentoverde.com.br/atitude/estudante-que-desenvolveu-projeto-para-limpar-oceanos-deve-coloca-lo-em-pratica-em-2018/ – Acesso em 13/12/2017c].

_____. Ambev investe 1,5 milhão em máquinas de garrafas retornáveis de cerveja [Disponível em http://thegreenestpost.bol.uol.com.br/na-alemanha-garrafas-pet-valem-descontos-no-supermercado/ – Acesso em 11/12/2017d].

PEREIRA, A.L.; BOECHAT, C.B.; TADEU, H.F.B. et al. *Logística reversa e sustentabilidade*. São Paulo: Cengage Learning, 2012, 192 p.

PNUMA [PROGRAMA DAS NAÇÕES UNIDAS PARA O MEIO AMBIENTE] & UNEP (UNITED NATIONS ENVIRONMENTAL PROGRAM]. Cleaner production [Disponível em http://www.uneptie.org/pc/cp/understanding_cp/home.htm – Acesso em 07/12/2017].

PROPMARK. Produtos verdes se destacam e marcas enfrentam desafio [Disponível em http://propmark.com.br/mercado/produtos-verdes-se-destacam-e-marcas-enfrentam-desafio – Acesso em 30/01/2017].

PÚBLICO. O primeiro dia do Reino Unido sem carvão desde a Revolução Industrial [Disponível em https://www.publico.pt/2017/04/22/economia/noticia/o-primeiro-dia-do-reino-unido-sem-carvao-desde-

a-revolucao-industrial-1769679?utm_source=meio&utm_medium=
email – Acesso em 01/05/2017].

RAZÕES PARA ACREDITAR. Paris já tem supermercado sem embalagens e só de orgânicos [Disponível em http://razoesparaacreditar.com/sustentabilidade/paris-supermercado-sem-embalagens/ – Acesso em 23/01/2018].

SACHS, I. *Caminhos para o desenvolvimento sustentável*. Rio de Janeiro: Garamond, 2000, 96 p.

SEELEY, E. Human needs and consumer economics: the implications of Maslow's theory of motivation for consumer expenditure patterns. *The Journal of Socio-Economics*, vol. 21, n. 4, 1992, p. 303-324.

SEIFFERT, M.E.B. *Gestão ambiental:* instrumentos, esferas de ação e educação ambiental. 3. ed. São Paulo: Atlas, 2014, 328 p.

SENAI [SERVIÇO NACIONAL DE APRENDIZAGEM INDUSTRIAL]. *Implementação de programas de produção mais limpa*. Porto Alegre: CNTL/Senai-RS/Unido/Unep, 2003. 42 p.

SHIMP, T.A. Comunicação integrada de *marketing*: publicidade, promoções e outras ferramentas. In: CZINKOTA, M.R.; DICKSON, P.R.; DUNNE, P.; GRIFFIN, A.; HOFFMAN, K.D.; HUTT, M.D.; LINDGREEN JR., J.H.; LUSCH, R.F.; RONKAINEN, I.A.; ROSENBLOOM, B.; SHETH, J.N.; SHIMP, T.A.; SIGUAW, J.A.; SIMPSON, P.M.; SPEH, T.W. & URBANY, J.E. *Marketing*: as melhores práticas. Porto Alegre: Bookman, 2001, p. 362-395.

SOLOMON, M.R. *Comportamento do consumidor*: comprando, possuindo e sendo. 11. ed. Porto Alegre: Bookman, 2016, 608 p.

STEINMEIER, F.W. "Energiewende" global – Progresso tecnológico vertiginoso tornou as energias solar e eólica mais acessíveis [Disponível em http://oglobo.globo.com/opiniao/energiewende-global-20328333 – Acesso em 17/01/2017].

STYLO URBANO. Vegea: o inovador e sustentável laminado vegetal derivado dos resíduos do vinho [Disponível em http://www.stylourbano.com.br/vegea-o-inovador-e-sustentavel-laminado-vegetal-derivado-dos-residuos-do-vinho/ – Acesso em 12/12/2017].

TCL. Nouveau client TCL [Disponível em http://www.tcl.fr/Decouvrir-TCL/Nouveau-client-TCL – Acesso em: 21/01/2017].

THE GREENEST POST. Em Amsterdã, cidadãos ganham Wi-Fi grátis na rua quando nível de poluição do ar está baixo [Disponível em http://thegreenestpost.bol.uol.com.br/em-amsterda-cidadaos-ganham-wifi-gratis-na-rua-quando-nivel-de-poluicao-do-ar-esta-baixo/ – Acesso em 27/01/2018a].

_____. Caxias do Sul (RS) instala primeiro ponto de ônibus com teto verde (que ainda produz energia solar) [Disponível em http://thegreenestpost.bol.uol.com.br/caxias-sul-instala-1o-ponto-de-onibus-com-teto-verde-que-ainda-produz-energia-solar/ – Acesso em 28/01/2018b].

_____. Descartáveis feito de coroas de abacaxi podem ser plantados após o uso para florir jardim [Disponível em http://thegreenestpost.bol.uol.com.br/conheca-os-pratos-e-talheres-descartaveis-que-podem-ser-plantados-apos-uso/ – Acesso em 30/01/2018c].

_____. Pesquisadores tailandeses desenvolvem pratos descartáveis feitos de folhas [Disponível em http://thegreenestpost.bol.uol.com.br/universidade-desenvolve-pratos-descartaveis-feitos-de-folhas/ – Acesso em 30/01/2018d].

_____. Grupo de idosas se reúne toda quinta-feira para fazer colchões para moradores de rua (com sacos plásticos usados) [Disponível em http://thegreenestpost.bol.uol.com.br/grupo-de-idosas-se-reune-toda-5a-para-fazer-colchoes-para-moradores-de-rua-com-sacos-plasticos-usados/ – Acesso em 01/02/2018e].

_____. "Delivery Reverso" busca alimentos para doação na sua casa e entrega a quem tem fome [Disponível em http://thegreenestpost.bol.uol.com.br/delivery-reverso-permite-que-pessoas-doem-alimentos-sem-sair-de-casa/ – Acesso em 01/02/2018f].

_____. Berlim ganha seu primeiro supermercado 100% sem embalagens [Disponível em http://thegreenestpost.bol.uol.com.br/berlim-tera-primeiro-supermercado-sem-produtos-embalados/ – Acesso em 10/12/2017a].

_____. O homem que constrói minicasas para moradores de rua com materiais descartados indevidamente [Disponível em http://thegreenest

post.bol.uol.com.br/conheca-o-homem-que-constroi-minicasas-para-moradores-de-rua-com-materiais-descartados-indevidamente/ – Acesso em 01/05/2017b].

TRIANDIS, H.C. & SUH, E.M. Cultural influences on personality. *Annual Review of Psychology*, vol. 53, n. 1, fev./2002, p. 133-160.

VERPLANKEN, B. & HOLLAND, R.W. Motivated decision making: effects of activation and self-centrality of values on choices and behavior. *Journal of Personality and Social Psychology*, vol. 82, n. 3, abr./2002, p. 434-447.

WARDE, A. Consumption and theories of practice. *Journal of Consumer Culture*, vol. 5, n. 2, jul./2005, p. 131-153.

WBCSD [THE WORLD BUSINESS COUNCIL FOR SUSTAINABLE DEVELOPMENT]. A ecoeficiência: criar mais valor com menos impacto [Disponível em http://www.wbcsd.org – Acesso em 18/08/2017].

Índice

Sumário, 9

Apresentação, 11

1 As diversas perspectivas da sustentabilidade ambiental, 15

   1.1 Um mundo em transformação, 15

   1.2 Sinal dos novos tempos: substituição do petróleo e do carvão por energia limpa, 17

   1.3 O caminho sem volta da sustentabilidade ambiental, 19

   1.4 Sustentabilidade ambiental em múltiplas perspectivas, 22

   Exercícios, 24

2 Sustentabilidade e descarte, 27

   2.1 Recursos naturais para a produção, 27

   2.2 Consumo e obsolescência programada, 30

   2.3 Descarte de produtos e embalagens, 35

   2.4 O lixo nos oceanos, 37

   2.5 Supermercados sem embalagens, 38

   Exercícios, 40

3 Sustentabilidade e reutilização, 43

   3.1 Impactos ambientais na produção, 43

   3.2 Desenvolvimento da logística reversa, 48

3.3 Logística reversa e reutilização de materiais, 57

3.4 Reutilização de garrafas de vidro retornáveis, 62

3.5 Uso de materiais descartados na construção civil, 64

3.6 *Shopping* que vende produtos de "segunda mão", 66

Exercícios, 68

4 Sustentabilidade e reciclagem, 71

4.1 Repensar o projeto de um produto, 71

4.2 Produzir de forma sustentável, 76

4.3 Reciclagem e a concepção do produto, 78

4.4 O estímulo financeiro na reciclagem de garrafas PET na Alemanha, 80

4.5 Ganho econômico com a reciclagem do lixo, 82

Exercícios, 87

5 Sustentabilidade e energia, 89

5.1 Energia advinda de fontes renováveis, 89

5.2 Energia renovável e sua inserção na sociedade, 93

5.3 Casas e construções sustentáveis, 95

5.4 Telhas que substituem painéis solares, 99

5.5 Geração de valor sustentável por meio da energia renovável, 101

Exercícios, 104

6 Sustentabilidade e transporte, 109

6.1 Meios de transporte tradicionais, 109

6.2 Meios de transporte e mobilidade, 111

6.3 Estações de recargas para carros elétricos, 113

Exercícios, 116

7 Sustentabilidade e mobilidade, 117

7.1 Mobilidade urbana como tema atual, 117

7.2 Mobilidade urbana e poluição, 118

7.3 Mobilidade urbana na Europa, 120

7.4 As novas áreas verdes de Barcelona e a mobilidade urbana, 125

7.5 O novo plano de mobilidade urbana de Madri, 126

7.6 As estratégias de Estocolmo para a mobilidade urbana, 127

Exercícios, 132

8 Sustentabilidade e poder público, 135

8.1 Sustentabilidade ambiental e as organizações públicas, 135

8.2 Os governos e a matriz energética sustentável, 138

8.3 A proibição de utensílios descartáveis de plástico na França, 140

8.4 Internet gratuita para atitudes sustentáveis na Holanda, 141

8.5 Ponto de ônibus com teto verde, 142

8.6 A rodovia francesa que gera energia solar e as ciclovias nas estradas alemãs, 143

8.7 Servidor que vai de bicicleta ao trabalho ganha folga em Salvador, 145

8.8 Presos que transformam bicicletas roubadas em cadeiras de rodas, 147

Exercícios, 149

9 Sustentabilidade e empresas, 153

9.1 Sustentabilidade ambiental e as organizações privadas, 153

9.2 Sustentabilidade ambiental como fator estratégico, 157

9.3 As marcas e os produtos verdes, 160

9.4 O "couro vegetal" produzido a partir de resíduos do vinho, 163

9.5 Sustentabilidade ambiental na mira dos investidores, 164

Exercícios, 166

10 Sustentabilidade e mercado consumidor, 169

10.1 A sustentabilidade ambiental na vida dos consumidores, 169

10.2 Influência da cultura nas decisões de compras sustentáveis, 173

10.3 A relação entre a cultura e a educação ambiental, 175

10.4 As cápsulas biodegradáveis de café, 177

10.5 Os pratos feitos de coroas de abacaxi e de folhas, 178

10.6 O produto verde que agrega valor para o cliente, 180

10.7 Solidariedade e sustentabilidade ambiental, 181

Exercícios, 183

Referências, 187

Sustentabilidade

Leonardo Boff

A sustentabilidade representa, diante da crise socioambiental generalizada, uma questão de vida ou de morte. O autor faz um histórico do conceito desde o século XVI até os dias atuais, submetendo a uma rigorosa crítica os vários modelos existentes de desenvolvimento sustentável.

À base de uma visão sistêmica, fundada na nova cosmologia, nas ciências da vida e da Terra, apresenta um conceito de sustentabilidade integral, aplicável ao universo, à Terra, à comunidade de vida, à sociedade, ao desenvolvimento, à educação e à vida de cada pessoa.

A vitalidade da Terra e o futuro da espécie humana só serão garantidos se conseguirmos conferir-lhes sustentabilidade. Caso contrário, podemos ir ao encontro da escuridão. Daí a importância de conhecermos melhor o que é ou não é a sustentabilidade.

Pesam sobre o Sistema Terra e o Sistema Vida, incluindo a espécie humana, graves ameaças vindas da atividade humana descuidada e irresponsável, a ponto de destruir o frágil equilíbrio do planeta. A consequência mais perceptível é o aquecimento global, que se revela pelos eventos extremos como os tsunamis, as grandes secas e as devastadoras enchentes. A sustentabilidade é a ação que procura devolver o equilíbrio à Terra e aos ecossistemas para que a Casa Comum possa continuar habitável e para que possamos salvar a vida humana e nossa civilização. É o sentido deste livro.

Leonardo Boff, 1938, é formado em Teologia e Filosofia. Já escreveu mais de cem livros nas várias áreas humanísticas, a maioria deles publicada pela Editora Vozes. Desde 1980 tem se ocupado intensivamente com as questões da ecologia e ajudou a formular uma ecoteologia da libertação. Daí surgiram os seguintes livros: *Ecologia: grito da Terra - grito dos pobres* (Ática/ Sextante, 1999); *Ecologia, mundialização e espiritualidade* (Record, 2008); *Homem: satã ou anjo bom* (Record, 2009); *Ética e ecoespiritualidade* (Vozes, 2011); *Saber cuidar – Ética do humano; compaixão pela Terra* (Vozes, 1999); *Ética da vida* (Record, 2009); *Do iceberg à arca de Noé* (Garamond, 2002); *Responder florindo* (Garamond, 2004); *A opção Terra – A solução para a Terra não cai do céu* (Record, 2009); *Cuidar da Terra e proteger a vida – Como evitar o fim do mundo* (Record, 2010); com Mark Hathaway, *O Tao da libertação – Explorando a ecologia da transformação* (Vozes, 2012), medalha de ouro nos Estados Unidos em cosmologia e nova ciência. Participou da redação da *Carta da Terra*. É autor do DVD *As quatro ecologias* e do DVD *Ética e ecologia*.